Eine zweite Ehe?

Überlegungen
zur
Wiederheirat Geschiedener

von
Rosemarie und Hansjörg Bräumer
Joachim Cochlovius
Michael Dieterich

W0076163

R. BROCKHAUS

R. Brockhaus Taschenbuch Bd. 485

© 1992 R. Brockhaus Verlag Wuppertal und Zürich
Umschlaggestaltung: Carsten Buschke, Solingen
Umschlagfoto: K. u. H. Benser – ZEFA, Düsseldorf
Gesamtherstellung: Breklumer Druckerei Manfred Siegel KG
ISBN 3-417-20485-2

INHALT

VORWORT

Eine Scheidung ist Folge und Ursache tiefgreifender Konflikte. Im Vorfeld einer solchen Entscheidung häufen sich die Probleme in den Ehen und Familien. Die »Scheidungswaisen« werden mehr und mehr zum Problem unserer Gesellschaft.

Das Zerrüttungsprinzip als Scheidungsursache schafft das Problem nicht aus der Welt.

Es wird gelitten.

Im Umfeld dieser Fragen und Konflikte steht auch die Wiederheirat.

Hier sprechen zwei Theologen, eine Psychotherapeutin und ein Psychotherapeut zu einem leidvollen Thema – drei Christen, die die biblischen Ausssagen über die Ehe ernst nehmen und für die Scheidung einer Ehe keine biblischen Begründungen anführen – außer »des Herzens Härtigkeit«, die wie schon zu Moses Zeiten auch heute trennt, was (»bis der Tod euch scheidet«) zusammengehört, und die daraus entstandenen Nöte.

Inzwischen wird jede dritte Ehe geschieden. Auch manche Christen halten Scheidung und Wiederheirat für Auswege aus der Misere. Ausweg oder Irrweg?

Mit ihren Beiträgen suchen die Autoren Rat zu geben, den sie vor Gott und Menschen, vor Gottes Gebot und menschlicher Not verantworten können, und wir hoffen, damit eine Hilfe anzubieten für die, die es betrifft, und für jene, die ihnen zur Seite stehen.

Der Verlag

Und Gott, der HERR, sprach: Es ist nicht gut, daß der Mensch allein sei; ich will ihm eine Hilfe machen, die ihm entspricht. * Und Gott, der HERR, bildete aus dem Erdboden alle Tiere des Feldes und alle Vögel des Himmels, und er brachte sie zu dem Menschen, um zu sehen, wie er sie nennen würde, und genau so wie der Mensch sie, die lebenden Wesen, nennen würde, (so) sollte ihr Name sein. * Und der Mensch gab Namen allem Vieh und den Vögeln des Himmels und allen Tieren des Feldes. Aber für Adam fand er keine Hilfe, ihm entsprechend.

Da ließ Gott, der HERR, einen tiefen Schlaf auf den Menschen fallen, so daß er einschlief. Und er nahm eine von seinen Rippen und verschloß ihre Stelle mit Fleisch; * und Gott, der HERR, baute die Rippe, die er von dem Menschen genommen hatte, zu einer Frau, und er brachte sie zum Menschen. * Da sagte der Mensch: Diese endlich ist Gebein von meinem Gebein und Fleisch von meinem Fleisch; diese soll Männin heißen, denn vom Mann ist sie genommen. * Darum wird ein Mann seinen Vater und seine Mutter verlassen und seiner Frau anhangen, und sie werden zu einem Fleisch werden. * Und sie waren beide nackt, der Mensch und seine Frau, und sie schämten sich nicht.

(1. Mose 2,18-25)

Rosemarie und Hansjörg Bräumer

I. Scheidung – und was kommt danach?

Seit dem Erscheinen des kleinen Buches »Scheidung und Wiederheirat«[1] erreichen uns zahlreiche Zuschriften. Nahezu jeder Brief, den uns ein geschiedener Christ schrieb, kreiste um Schuld und Schuldbewältigung und mündete ein in die Fragen: »Habe ich die Strafe meiner Schuld damit abzubüßen, daß ich nach meiner Scheidung ehelos leben muß?« »Bin ich nach meiner Scheidung ein Mensch, der lebenslänglich zum Verzicht auf Ehe verurteilt ist?« Ein vorschnelles Nein auf diesen Aufschrei der Verzweiflung ist ein Verstoß gegen zwei unübersehbare Tatsachen:
- Nach Jesu Willen ist die Ehe unauflöslich und die Heirat eines Geschiedenen Ehebruch.
- Bei der Eheschließung, sofern sie mit einer Trauung verbunden war, gab jeder dem anderen vor Gott das heilige Versprechen der Treue ab: ». . . in guten und in bösen Tagen, bis der Tod uns scheidet«.

Jesu Gebot erneuert den Heilswillen Gottes, dessen Kern die Zehn Gebote bilden. Jesu Gebot von der Unauflöslichkeit der Ehe und der Nichtwiederheirat eines Geschiedenen ist ein Zielgebot, und zwar in dem Sinn, daß das von Jesus angegebene Ziel »aus den gottgeschenkten Möglichkeiten des Glaubens erreichbar ist« (G. Koch).

Das Zerbrechen einer Ehe, die Scheidung, der Bruch des Treueversprechens auch für böse Tage, ist eine Folge des

---

[1] Bräumer, Rosemarie und Hansjörg, Scheidung und Wiederheirat, Neuhausen, 1990.

Schuldigwerdens, eine Folge der Sünde. Jeder Mensch ist in seinem irdischen Dasein eingeschlossen in die Vergänglichkeit und in das Gefangensein »in der nie abreißenden Kette der Sünde« (A. Weiser). Erst die neue Schöpfung am Ende der Zeiten ist frei von der Bestimmtheit durch die Sünde. »Die Schöpfung ist gefallen, die Sünde ist in die Welt hereingebrochen, und solange diese Welt besteht, wird es Gesetze für eine Scheidung geben müssen« (J. Schniewind).

1. Ehescheidung und Ehebruch

Jesus spricht in vier verschiedenen Situationen von der Ehescheidung und ihren Folgen. In keinem dieser Worte Jesu fehlt der Hinweis auf den Verstoß gegen das sechste Gebot: »Du sollst nicht ehebrechen.«

Ehescheidung hängt für Jesus sehr eng mit Ehebruch zusammen. Der Grundtenor der Worte Jesu zur Ehescheidung lautet: »Wer sich scheidet, bricht die Ehe.« Ehebruch ist jedoch für Jesus weit umfassender als für das Alte Testament und für die Gesetzeslehrer seiner Zeit.

a) Ehebruch nach dem Verständnis des Alten Testamentes und des jüdischen Strafrechtes

Nach dem Gesetz des Alten Testamentes wurden Ehebrecher mit dem Tode bestraft. »Wenn ein Mann Ehebruch mit einer verheirateten Frau treibt, wenn er mit der Ehefrau seines Nächsten Ehebruch treibt, so sollen beide, der Ehebrecher und die Ehebrecherin, unfehlbar mit dem Tode bestraft werden« (3Mo 20,10; vgl. 5Mo 22,22).

1) In der Berg-predigt	2) In einem Streitge-spräch mit den Pharisäern	3) Bei einer Jün-gerbelehrung im Anschluß an ein Streit-gespräch mit den Phari-säern	4) Im Zusam-menhang ei-ner Zurecht-weisung der Pharisäer
Mt 5,32	Mt 19,9	Mk 10,1.12	Lk 16,18
Ich aber sage euch: Wer sich von seiner Frau scheidet außer aufgrund von Unzucht, der verschuldet es, daß dann Ehe-bruch mit ihr verübt wird, und wer eine ge-schiedene Frau heiratet, begeht Ehebruch.	Ich aber sage euch: Wer sich von seiner Frau scheidet – es sei denn wegen Un-zucht – und ei-ne andere Frau heiratet, der bricht die Ehe, und wer eine Geschiedene heiratet, begeht ebenfalls Ehe-bruch.	Wer sich von sei-ner Frau schei-det und eine an-dere heiratet, begeht ihr (= der ersten Frau) ge-genüber Ehe-bruch; und ebenso, wenn sie sich von ih-rem Mann scheidet und ei-nen andern hei-ratet, so begeht sie Ehebruch.	Wer seine Frau entläßt und eine andere heiratet, begeht Ehe-bruch; und wer eine von ihrem Mann geschie-dene Frau heira-tet, begeht eben-falls Ehebruch.

Die jüdischen Rechtsgelehrten zur Zeit Jesu verhängten nur sehr ungern die Todesstrafe. Um die Vollstreckung der Todesstrafe möglichst auf ein Minimum zu begrenzen, ver-suchte man im Fall eines Ehebruchs, genau zu bestimmen, wann ein Ehebruch vorlag, der mit der Todesstrafe gesühnt werden mußte. Dabei stellte eine Gruppe von Gelehrten für den mit dem Tod zu bestrafenden Ehebruch vier Merk-male fest:

(1) Ehebruch liegt nur dann vor, wenn der geschlechtliche Verkehr mit einer fremden Ehefrau oder mit einem Mädchen, das mit einem andern verlobt ist, vollzogen wird.

(2) Mit dem Tode zu bestrafen ist der Ehebruch nur dann, wenn er mit der Ehefrau oder der Verlobten eines Ju-den begangen wird. Der geschlechtliche Umgang mit

einer Nichtisraelitin gilt nur »als schimpflich und ist verpönt« (H. Baltensweiler). Ist die Frau Sklavin, muß nur ein Schuldopfer dargebracht werden (vgl. 3Mo 19,20.23).

(3) Minderjährige, die noch nicht 13 Jahre und einen Tag (Mädchen: 12 Jahre und einen Tag) alt sind, dürfen nicht mit dem Tode bestraft werden.

(4) Die Tat des Ehebruchs bleibt straffrei, wenn sie in Abwesenheit von Zeugen und ohne vorausgegangene Warnung geschehen ist.

Ehebruch wurde nur dann bestraft, wenn ein geschlechtlicher Verkehr mit einer anderen Frau bzw. der Verlobten eines anderen Mannes nachgewiesen werden konnte, und auch dann gab es noch Sonderbestimmungen.

Dieser Erweichung der strengen Haltung und der formalrechtlichen Bestimmung: »Ehebruch liegt nur bei vollzogenem Geschlechtsverkehr vor« wird im Talmud widersprochen. Wie alt die im Talmud aufgenommenen Worte sind, ist im einzelnen nicht nachweisbar. Sie können ohne weiteres vielleicht in etwas anderer Formulierung bereits zur Zeit Jesu heftig diskutiert worden sein. Im Talmud heißt es:

»Wer eine Frau mit Absicht anblickt, gilt wie einer, der ihr beiwohnt« (Traktat Kalla 1).

Auch im Judentum gab es sehr früh ein vertieftes sittliches Verständnis des Ehebruchs. Das Talmudwort von dem Blick mit Absicht erinnert an Jesu Wort vom Ehebruch im Herzen.

b) Ehebruch im Herzen

In seinem großen Wort vom Ehebruch sagt Jesus: Ehebruch liegt nicht nur dann vor, wenn geschlechtlicher Verkehr mit einem fremden Ehegatten vollzogen wird, sondern es gibt auch einen Ehebruch im Herzen.

Zum Ehebruch im Herzen kommt es durch den Blick, der zum Begehren führt. Jesus bezeichnet nicht schon den Blick an sich als böse. Er widerspricht auch nicht ausdrücklich der rabbinischen Auffassung, daß das Ansehen einer schönen Frau in den Lobpreis des Schöpfers einmünden kann. Jesus verbietet nicht das Bewundern einer schönen Frau, sondern den Blick, der gekoppelt ist mit dem Begehren. »Nicht der Blick überhaupt wird von Jesus gebrandmarkt, sondern der Blick, um sie zu begehren. Die begehrliche Absicht also entscheidet« (W. Schrage). Von Martin Luther ist das Wort überliefert: »Du darfst jede Frau ansehen und dich an ihr erfreuen, nur nicht wie deine eigene Frau.«

Ehebruch ist nach Jesu Wort der Blick, der mit der Absicht einhergeht, mit einer Frau außerhalb der Ehe geschlechtlichen Umgang zu haben: »Wer eine Frau auch nur mit Begehrlichkeit ansieht, hat damit schon im Herzen Ehebruch an ihr begangen« (Mt 5,28, nach Menge). Das in der Ursprache stehende Wort »Frau« (griechisch: gyne) kann drei verschiedene Bedeutungen haben: jede Frau (Mt 9,20; 13,33; 27,55), die Ehefrau (Mt 14,3; 18,25) und die Verlobte (Mt 1,20.24).

Da es zur Zeit Jesu eine ausführliche Diskussion darüber gab, daß eine Frau gleichermaßen wie der Mann durch ihre Begehrlichkeit die Ehe brechen kann, braucht Jesus nicht ausdrücklich zu betonen, daß auch der begehrliche Blick der Frau einem Ehebruch gleichkommt.

Der Blick, der zum Begehren führt, entspricht der Tat. Er ist Ehebruch, der im Herzen geschieht. Ein solcher Tatbestand, der den Ehebruch erfüllt, kann durch Zeugen nicht nachgewiesen werden. Kein Mensch kann in das Herz eines anderen schauen. »Gott aber sieht das Herz an« (1Sam 16,7). Als Gott seine Gebote gab, ging es ihm nicht allein um einen äußeren Akt im Zusammenleben, sondern um den ganzen Menschen. So gebietet Gott bereits in den heiligen Zehn Geboten nicht nur: »Du sollst nicht ehebrechen«, sondern auch: »Du sollst nicht begehren deines Nächsten Frau« (2Mo 20,14.17).

Um den Tatbestand, der im Herzen geschieht, geht es auch bei den jüdischen Verordnungen über die an den Kleidern anzubringenden Quasten:

»Die Quasten sollen euch dazu dienen, daß ihr bei ihrem Anblick aller Gebote des Herrn gedenkt, um nach ihnen zu tun und nicht von mir abzufallen *nach den Gelüsten eures Herzens und eurer Augen, durch die ihr euch zum Treuebruch verführen laßt*« (4Mo 15,39).

Die Augen verlocken den Menschen zum Treuebruch. Bereits das Nachblicken mit Absicht, der Blick, der zum Begehren führt, ist Ehebruch. »Ehebruch ist die die Treue verleugnende Begierde« (F. Hauck).

c) *Widerstand gegen das Handeln, das zum Ehebruch führt*

Im Unterschied zu dem Wort vom Töten führt Jesus beim Ehebruch des Herzens keine nachfolgenden Strafen auf (vgl. Mt 5,21–26). Er spricht vielmehr von der Verführung durch das Auge und durch die Hand.

Das Auge steht in einer besonderen Beziehung zur geschlechtlichen Sünde. Das Auge verlockt den Menschen. Es ist das Einfallstor der Begehrlichkeit. Im Talmud ist von ehebrecherischen Augen die Rede: »Du sollst nicht sagen, daß nur der, welcher mit dem Leib die Ehe bricht, ein Ehebrecher genannt wird; auch der, welcher mit seinen Augen die Ehe bricht, wird ein Ehebrecher genannt« (Lev R 23,122b).

Das Judentum weiß aber nicht nur vom Auge und dessen besonderer Beziehung zur geschlechtlichen Sünde, sondern auch von der Hand. Rabbi Elieser (um 90) überliefert folgenden Ausspruch: »Was heißt: ›Eure Hände sind voll Blut‹ Jes 1,15? Das sind diejenigen, die mit der Hand Ehebruch treiben.« Von Rabbi Tarphon (um 100) ist das Wort bekannt: »Wer seine Hand an das Schamglied legt, dessen Hand soll abgehauen werden.«

Nach der jüdischen Lehre im 1. nachchristlichen Jahrhundert sollen also unzüchtige Handgriffe dadurch bestraft werden, daß dem mit der Hand Unzucht Übenden die Hand abgehauen wird. Ob die Strafe des Handabhakkens tatsächlich vollzogen wurde, ist im Judentum nicht nachweisbar.

In seinem Wort vom Ehebruch im Herzen fordert Jesus nicht die Bestrafung des Ehebrechers durch ein Gericht. Er sagt nicht: Dem, der den Ehebruch im Herzen begeht, muß das Auge ausgerisssen und die Hand abgehackt werden, sondern: »Wenn dein rechtes Auge dir zum Fallstrick wird, reiß es aus und wirf es weg von dir . . . Wenn deine rechte Hand dich zum Bösen verführen will, so haue sie ab und wirf sie weg von dir« (Mt 5,29.30). Der betreffende Mensch soll sich selber das Auge ausreißen und die Hand abhacken.

Mit diesen Aufforderungen gebietet Jesus dem Menschen, mit allen seinen Kräften jedem Handeln, das zum Ehebruch führt, Widerstand zu leisten. Dieser Widerstand »bis aufs Blut« ist nicht durch eine teilweise Selbstverstümmelung zu erreichen. Was nützt es, das rechte Auge auszureißen? Ist das linke nicht genauso Einfallstor der Begierde? Was hilft es, die rechte Hand abzuhacken?

Kann ein Mensch nicht auch mit der linken Hand oder mit seinem Armstumpf unzüchtig handeln? Wenn Jesus vom rechten Auge und der rechten Hand redet, so geht es ihm nicht um äußere Gliedmaßen, sondern um die Einstellung des ganzen Menschen. Auch wenn das Wort vom Ausreißen des Auges und vom Abhauen der Hand nicht wörtlich zu verstehen ist, »so ändert dies nichts daran, daß Jesus mit diesem Wort den ganzen Ernst der Situation aufzeigen will« (H. Baltensweiler).

Der Mensch soll alles nur erdenklich Mögliche tun, um dem Ehebruch im Herzen zu widerstehen. Ehebruch ist eben nicht erst eine »Drittbettbeziehung« – Ehebruch ist auch der Blick, der zum Begehren führt; Ehebruch sind auch die unzüchtigen Handgriffe. Die Tatsache des Ehebruchs liegt nicht erst vor in der geschlechtlich-körperlichen Hingabe an einen anderen Partner, sondern bereits in den alltäglichen »Ehebrüchen« im Herzen eines Menschen.

Wenn Jesus vom Ehebruch spricht und alle, die auf ihn hören, auffordert, alles daran zu setzen, um einem Ehebruch entgegenzuwirken, ist Ehebruch immer ein umfassender Begriff. Der Tatbestand des Ehebruchs ist für Jesus nicht nur im Falle einer Ehescheidung gegeben. Ungleich häufiger ereignet sich der Ehebruch im Herzen. Die Folgen des Ehebruchs sind die gleichen, unabhängig davon, ob es sich um einen Ehebruch in Form der Scheidung oder um einen Ehebruch des Herzens handelt. In bewußter Abgrenzung zum Alten Testament fordert Jesus nicht eine Bestrafung der Ehebrecher. Er begegnet dem Ehebruch nicht von außen, sondern er ruft die, die ihm nachfolgen, dazu auf, in eigener Entscheidung klare und strenge Konsequenzen

zu ziehen, um jeder Form des Ehebruchs entgegenzuwirken.

2. Scheidung in Ausnahmefällen

Innerhalb der Texte, in denen Jesus die Ehescheidung verbietet, spricht Jesus zweimal von einem Ausnahmefall, in
welchem eine Ehescheidung stattfinden darf (Mt 5,32;
19,9). Auch Paulus rechnet mit der Tatsache einer zerstör-
ten Ehe und faßt die Ehescheidung ins Auge (1Kor
7,10.11.15).

a) Ehescheidung im Falle der Unzucht

Die beiden Worte, in denen Jesus die Scheidung im Falle
von Unzucht zugesteht, sind unterschiedlich formuliert,
der Sinn ist jedoch der gleiche. Die beiden sogenannten
Ausnahmeklauseln haben den Wortlaut:
»außer aufgrund von Unzucht«
(griechisch: parektos logou porneias, Mt 5,32) und
»es sei denn wegen Unzucht«
(griechisch: mē epi porneia, Mt 19,9).
Der Begriff »Unzucht« (griechisch: porneia) wurde in der
Alten Kirche, bei den Reformatoren und auch in späteren
Übersetzungen mit »Ehebruch« (griechisch moicheia)
gleichgesetzt. Man verstand unter Unzucht den außerehelichen Geschlechtsumgang und den damit vollzogenen
Ehebruch. Diese Deutung übersieht, daß im Neuen Testament deutlich zwischen Ehebruch (griechisch: moicheia)
und Unzucht (griechisch: porneia) unterschieden wird.
Problematisch wird die Deutung »Unzucht ist gleich Ehe-

bruch« schon dann, wenn man sich an Jesu Wort vom Ehebruch, der im Herzen geschieht, erinnert. »Man wird doch nicht behaupten wollen, daß überall da, wo Matthäus 5,28 zutrifft, auch eine Ehescheidung erlaubt ist« (H. Baltensweiler). Der von Jesus gebrauchte Begriff »Unzucht« (griechisch: porneia) entspricht dem alttestamentlichen Wort »Hurerei« (hebräisch: seʿnunim). Hurerei trieb zum Beispiel die Dirne, die Hosea im Auftrag Gottes heiraten mußte. Nachdem Hosea sie für 15 Silberstücke und einen halben Scheffel Gerste gekauft hatte, verlangte er von ihr: »Viele Tage lang sollst du dasitzen, ohne Unzucht zu treiben (hebräisch: sanah), ohne einem Mann anzugehören« (Hos 3,3).

Unzucht, Hurerei, ging auch in der Zeit des Alten Testamentes nicht nur von Frauen, sondern auch von Männern aus. Auf dem Zug durch das Ostjordanland geschah es, daß das Volk anfing zu »huren« (hebräisch: sanah) mit den Töchtern der Moabiter (4Mo 25,1).

Die überwiegende Zahl der Stellen, die im Alten Testament von Unzucht handeln, bezieht sich auf die Prostitution. Prostituierte verkaufen ihre Geschlechtsorgane. Das griechische Wort »Dirne« (pornē) ist abgeleitet von dem Zeitwort verkaufen (pernymi). Prostitution (porneia) ist Unzucht, die eine Ehe zerstört.

Zur Unzucht zählt nach dem alttestamentlichen Gesetz außer der Prostitution auch der widernatürliche Geschlechtsverkehr: Die Homosexualität wird eine »Greueltat« genannt und der geschlechtliche Verkehr mit Tieren eine »schändliche Versündigung« (3Mo 18,22.23).

Zu den »Unzuchtsünden« aber rechnet das Heiligkeitsgesetz auch das Kindesopfer, die Verunreinigung durch Ehebruch und den geschlechtlichen Umgang mit einer

Frau während ihrer Periode (3Mo 18,19–21). Ehebruch ist immer dann Hurerei, wenn er fortgesetzt oder mit häufig wechselnden Frauen bzw. Männern praktiziert wird.

Jesus spricht in der Ausnahmeklausel nicht vom Ehebruch im herkömmlichen Sinn, sondern von Unzucht. Unzucht kann am ehesten wiedergegeben werden mit dem Begriff *seelischer und körperlicher Grausamkeit*. Diese liegt in folgenden Fällen vor:

(a) beim Verkauf des Leibes (Prostitution)[2]
(b) bei Homosexualität, genauer Homotropie[3]
(c) bei dem Verkehr mit Tieren
(d) bei Nichtachtung der Würde des anderen
(e) bei Kindesmißhandlung
(f) bei bewußt weitergeführten außerehelichen Beziehungen.

b) Ehescheidung bei Religionsverschiedenheit

In seiner Stellung zur Ehescheidung legt Paulus zuerst die Anordnung Jesu aus: »Was Gott zusammengefügt hat, das soll der Mensch nicht scheiden« (Mt 19,6). Er spricht im Namen Jesu, indem er sagt: »Das gebiete nicht ich, sondern der Herr: Die Frau soll sich von ihrem Mann nicht scheiden … und ein Mann soll seine Frau nicht entlassen« (1Kor 7,10.11).

Entsprechend der von Jesus erlassenen Ausnahmeklausel rechnet Paulus aber auch mit der Möglichkeit einer Scheidung. Er sagt: Im Falle einer Frau gilt: »Hat sie sich aber doch geschieden, dann darf sie nicht wieder heiraten,

---

[2] Vgl. Bräumer, Scheidung und Wiederheirat, Exkurs III: Der Gang zur Dirne (Prostitution).
[3] Vgl. Bräumer, Lieben wagen, Gleichgeschlechtliche Liebe, S. 170–190.

es sei denn, sie würde zu ihrem geschiedenen Mann zurückkehren« (1Kor 7,11).

Vermutlich hat Paulus eine bestimmte Frau vor Augen, die sich scheiden ließ, als sie noch Heidin war, nach ihrer Bekehrung der Gemeinde beitritt und damit die Christen in Korinth vor eine bereits geschehene Tatsache stellt. In diesem Fall, so sind die Worte des Paulus zu verstehen, kann sie ohne weiteres in die Gemeinde aufgenommen werden. Für ihr persönliches Leben aber bleibt ihr nur die Möglichkeit, nicht wieder zu heiraten oder aber zu ihrem Mann zurückzukehren.

Im Anschluß an diesen Sonderfall geht Paulus auf die Problematik, die in einer Ehe zwischen einem Heiden und einer Christin entstehen kann, ein. Dabei ist zunächst festzustellen, daß Paulus auch die Ehe zwischen Heiden und Christen sehr hoch eingeschätzt hat. In einer Ehe zwischen einem Heiden und einem Christen ist der nichtchristliche Ehepartner so sehr mit dem christlichen verbunden, daß er in die Sphäre der Christusheiligkeit mit einbezogen ist. In einer solchen Ehe ist die Gemeinschaft mit Christus stärker als die nichtchristliche Welt. Deshalb soll der christliche Teil mit dem heidnischen die Ehe aufrechterhalten, solange der heidnische Teil damit einverstanden ist. Eine zwischen Partnern verschiedener Religionen geschlossene Ehe darf nur dann geschieden werden, wenn dies der heidnische Teil verlangt und darauf besteht (vgl. 1Kor 7,15).

Mit diesem Wort zur Ehescheidung kann sich Paulus auf das Herrenwort berufen: »Wahrlich, ich sage euch: Es ist niemand, der Haus oder Frau oder Brüder ... um des Reiches Gottes willen verlassen hat, der es nicht vielfältig empfangen würde in dieser Zeit und in der zukünftigen Welt das ewige Leben« (Lk 18,29f). Unter dem Verlassen der Frau ist auch hier nichts anderes zu verstehen als die Ehescheidung. Die Ehescheidungsklausel des Apostels Paulus ist keine Rechtfertigung für ein willkürliches böswilliges Verlassen eines Ehepartners. Die Initiative muß vom heidnischen Partner ausgehen. Verlangt dieser unabdingbar die Scheidung, so sagt dieser sich aus dem Herrschaftsbereich Gottes los. Er trennt sich nicht nur von seinem Ehepartner, sondern von Gott.

3. Scheidung und ihre Folgen

Nachdem Jesus in seinem Gespräch mit den Pharisäern in unzweideutiger Weise von der Unauflöslichkeit der Ehe gesprochen hatte, warfen diese ein: »Warum hat denn Mose geboten, der Frau einen Scheidebrief auszustellen und sie dann zu entlassen?« Jesus entgegnete: »Mose hat euch nur mit Rücksicht auf eure Herzenshärte gestattet, euch von euren Frauen scheiden zu lassen, *aber von Anfang an* ist es nicht so gewesen« (Mt 19,7.8).

Die Antwort Jesu war: Es gibt Ordnungen, die vom ursprünglichen Willen des Schöpfers abweichen. Es sind Notordnungen aufgrund der Hartherzigkeit der Menschen. Die Wurzel der Ehescheidung ist die Hartherzigkeit der Menschen, das heißt »die menschliche Überheblichkeit, die sich ihre Maßstäbe selbst setzt« (H.J. Thilo).

Im Blick auf die Ehe zweier Menschen besteht die Hartherzigkeit darin, daß die »Herzen zur vergebenden Liebe unfähig geworden sind« (W. Grundmann). Aufgrund dieser Hartherzigkeit erließ Mose ein Gesetz, das die Ehescheidung ermöglichte und ordnete. Das von Mose erlassene Gesetz ist ein Gebot, das erst in der Zeit nach dem Sündenfall des Menschen notwendig wurde. Gott hatte den Menschen, der sich von ihm getrennt hatte, nicht vernichtet, er ließ den Menschen weiterleben. Gott ist eben nicht nur der Schöpfer, sondern auch der Erhalter des Menschen. Um aber der Macht der Sünde zu wehren, das heißt, sie nicht ausufern zu lassen, erlaubte Gott Notordnungen. Eine Notordnung ist eine »Ordnung in der Unordnung« (E. Wilkens). So gibt es Ordnungen, die anders sind als der ursprüngliche Wille des Schöpfers. Es sind Notordnungen aufgrund der Hartherzigkeit der Menschen. Auf diesen Unterschied zwischen der Schöpfungsordnung und den später erlassenen Geboten verweist Jesus seine Gesprächspartner, die Pharisäer. Er sagt: Da ist einmal der ursprüngliche Schöpferwille, zum andern gibt es die im Verlauf der Geschichte der Sünde eingerissenen Verhaltensweisen der Menschen und die aufgrund der Hartherzigkeit der Menschen erlassenen Notordnungen. Unter dem von Jesus angegebenen Gesichtspunkt ist die Geschichte der Scheidung »eine Geschichte der Sünde« (G. Hennig). Das deutsche Wort »Sünde« ist abgeleitet von dem Zeitwort »absondern« und bedeutet soviel wie einen »Sund«, einen »Abgrund« aufreißen.

Die durch die Scheidung aufgerissenen Abgründe trennen nicht nur die beiden Partner voneinander, sondern sie lassen auch eine Kluft aufbrechen, die das Verhältnis des Menschen zu Gott, die Beziehung zu Jesus, beeinträchtigt. Außerdem werden beide Partner an ihren gemeinsamen Kindern schuldig, und schließlich bleibt ihr Verhalten nicht ohne Folgen für die Gemeinde der Christen. Die Scheidung hat demnach wie jede Sünde einen »theologischen, einen anthropologischen, soziologischen und einen ekklesialen Negativaspekt« (A. Adam).

a) Scheidung ist Sünde gegen Gott

Jesus wendet sich scharf und bestimmt gegen die Ehescheidung überhaupt. Er weist nachdrücklich darauf hin, daß die alttestamentliche Möglichkeit, seine Ehefrau zu verstoßen, keine Ordnung des Schöpfers ist. Er nennt dieses von den Pharisäern angeführte »Recht« eine Notordnung, die auf Mose zurückgeht. Mose erlaubte den Scheidebrief um der »Hartherzigkeit der Menschen willen« (Mt 19,8).

Jesu Ziel bleibt es, Menschen dazu einzuladen, zur Ordnung des Schöpfers zurückzukehren. Für Jesus ist die Ehe nach dem Willen des Schöpfers unscheidbar. Aufgrund des Festhaltens Jesu an der Unauflöslichkeit der Ehe schreibt der Apostel Paulus: »Den Verheirateten aber gebiete ich – nein, nicht ich, sondern der Herr –, daß eine Frau sich von ihrem Mann nicht scheiden soll ... Ebenso soll auch ein Mann seine Frau nicht entlassen« (1Kor 7,10.11). Scheidung ist auch dann, wenn eine Ausnahmeklausel zutrifft, ein Verstoß gegen das Wort Jesu von der Unauflöslichkeit der Ehe. Wer eine Scheidung begehrt oder in die Scheidung willigt, versäumt das Ziel, das »aus den gottgeschenkten Möglichkeiten erreichbar ist« (G. Koch). Der Verstoß gegen Jesu Wort und das Nichterreichen des von Jesus ermöglichten Zieles gehören in den Bereich der Sünde im Sinne von »Eigentumsbestreitung« (G. v. Rad). Im Alten Testament wird diese Art der Schuld mit einem Begriff umschrieben, der soviel heißt wie »Rebellion«. Ursprünglich bedeutet dieser Begriff »Auflehnung«, »Bestreitung« (hebräisch: paceša'). Wer gegen Gott rebelliert, bäumt sich nicht einfach gegen ihn auf, »sondern er bricht mit ihm, nimmt ihm das Seine weg, raubt, unterschlägt es, vergreift sich daran« (R. Knierim). Sünde in Form von Auflehnung ist eine Art Eigentumswegnahme, ist die Anfechtung des Eigentums und damit Eigentumsbestreitung.

Gott aber ist kein Gott, der die Rebellion in Gestalt der Eigentumsbestreitung niederschlägt und die Rebellen mit Stumpf und Stiel ausrottet. Seine Antwort ist das Angebot der Gnade. Gott sandte Jesus, seinen Sohn, und dieser stellt sich den Menschen vor mit den Worten: »Ich bin der gute Hirte. Der gute Hirte gibt sein Leben für die Schafe« (Joh 10,11).

Diese bildhafte Zusage vom stellvertretend sterbenden Hirten hat sich buchstäblich erfüllt. Paulus spricht von dem blutigen Tod Jesu (Röm 3,25). Jesus starb für die Rebellen. Jesu Tod am Kreuz ist eine exklusive Gabe. Allein Jesus kann diese Gabe dem Menschen anbieten. Jesus, der Gute Hirte, starb für die, zu denen er gekommen war. Der Gute Hirte steht nicht allein für den, der sein Leben gegeben hat: Hirte bedeutet auch »Schutz und Richtungsweisung in jeder Hinsicht« (L. Goppelt). Die Antwort Gottes auf die Rebellion ist die Sendung des Guten Hirten.

Der Gute Hirte allein bringt das Verhältnis des Menschen zu Gott wieder in Ordnung; mehr noch: Der Gute Hirte weist die Richtung. Der Gute Hirte wacht schützend über jeden, der sich zu ihm bekennt. Die Antwort Gottes auf die Sünde in der Gestalt der Rebellion ist nicht Ausrottung, sondern der Hirte, der den Rebellen freikauft und beschützt.

Gottes unbedingtes freies Liebeshandeln, das heißt seine Gnade, gilt auch dem Geschiedenen. Gott bricht die Geschichte der personalen Gemeinschaft mit dem Geschiedenen nicht ab, sondern ruft ihn zu sich, um ihm durch den Guten Hirten neu das Heil zu schenken.

b) Scheidung ist Verschuldung gegen den Partner und Schuldigwerden an den gemeinsamen Kindern

In den Ausnahmeklauseln für eine Scheidung nennt Jesus Unzucht als Sünde, die eine Ehe zerfressen und zerstören kann. Die Unzuchtsünden sind immer verbunden mit seelischer und körperlicher Grausamkeit. Im Falle der Mißachtung der Würde eines Ehepartners äußert sie sich in psychischen und physischen Verletzungen. Die Schuldskala umfaßt das Aufhören des liebevollen und zärtlichen täglichen Umgangs (= Eros-Zerfall), das sich gegenseitige körperliche Entziehen, Quälereien, Vergewaltigung des Ehepartners bis hin zum seelischen und körperlichen Mord. Seelische und körperliche Grausamkeit der Ehepartner trifft immer zugleich die gemeinsamen Kinder. Die Kinder hören und sehen mit, was sich ihre Eltern antun. Nicht selten werden die Kinder parteiisch in die Zerwürfnisse mit einbezogen. Ein Kind kann die Probleme der Erwachsenen nicht bewältigen. Vielmehr zerstören die Ehepartner das Leben ihrer Kinder.

Die Scheidung aufgrund von seelischer und körperlicher Grausamkeit ist eine Notordnung. Da es in dieser Welt unmenschliche und tote Ehen gibt, Gott aber »nicht das Leid, sondern das Leben seiner Geschöpfe will, gibt es als *äußerste Möglichkeit* die Scheidung. Wo sie erfolgt, wird Sünde geordnet; aber das Gebot bleibt in Kraft« (M. Seitz). Die Scheidung ist in diesem Fall nichts anderes als »das Begräbnis einer toten Ehe« (Th. Bovet).

Die Scheidung, auch wenn sie nichts anderes mehr ist als »das Begräbnis einer toten Ehe«, ist die Folge der Sünde im Sinne der Verschuldung gegen den Partner und des Schuldigwerdens an den gemeinsamen Kindern. Die Sünde hat eben nicht nur einen theologischen, sondern immer zugleich auch einen anthropologischen und soziologischen Negativaspekt. Sie bestimmt jede Form menschlichen Zusammenlebens. Sie ist die gestaltende Kraft im geschichtlichen Wandel der zwischenmenschlichen Beziehungen. Das Alte Testament bezeichnet diese Art der Sünde mit dem Begriff »Verschuldung«. »Verschuldung« (hebräisch: 'awon) heißt eigentlich »Verdrehung« oder »Verkrümmung«, dann »Verkehrtheit« und »Verkehrtsein«.

Gott aber läßt die Menschen nicht einfach gewähren. Er verschließt die Augen nicht. Er läßt sie nicht in den sicheren Untergang rennen. Er tritt der sich in letzte Verkehrtheit stürzenden Masse entgegen. Er sendet Jesus, seinen Sohn, in die Welt, und Jesus stellt sich den in Dunkelheit sich verirrenden Menschen in den Weg, und zwar mit der Selbstdarstellung: »Ich bin das Licht der Welt. Wer mir nachfolgt, wird nicht wandeln in der Finsternis, sondern wird das Licht des Lebens haben« (Joh 8,12). Jesus ist das Licht. Jesus gibt dem Menschen die Gnade des Lichtes. Licht heißt alles, »was in die bedrohliche Ungewißheit des Daseins Gewißheit und Klarheit bringt« (L. Goppelt). Dabei ist das Licht nie von seiner Lichtquelle zu trennen. Die Lichtquelle ist Jesus selbst. Die Gabe, die der Mensch empfangen kann, ist das Angeleuchtetwerden. Der Angeleuchtete aber hat die Wirkung eines Spiegels. Er reflektiert, er widerspiegelt das Licht. Ein solches Angeleuchtetwerden und Widerspiegeln verändert das gesamte soziale Umfeld des Menschen. Die Antwort Gottes auf die Verschuldung des Menschen ist Jesus, das Licht.

Der von Jesus Angeleuchtete ist wie ein buntes Kirchenfenster, durch das die Sonne hindurchscheint.

Die von Jesus Angeleuchteten haben die Welt verändert, verändern die Welt und werden die Welt verändern.

Das von Jesus ausgehende und den Menschen verwandelnde Licht gilt jedem Menschen, der in seiner Schuld das Licht aufsucht.

Hier ist auch der Geschiedene nicht ausgenommen. So schreibt Paulus ganz speziell an die Adresse der Geschiedenen: »Zu einem Leben in Frieden hat euch Gott berufen« (1Kor 7,15). Friede bedeutet hier wie überall in der Bibel ganzes und heiles Verhältnis zu Gott. Lebt der Schuldiggewordene, nachdem ihm Vergebung zuteil wurde, wieder in einer ungetrübten Beziehung zu Gott, so ändert sich auch sein Verhältnis zu seinem geschiedenen Partner und den gemeinsamen Kindern, und zwar auch dann, wenn es nicht wieder zu einer Erneuerung der einmal bestandenen Ehe kommt. Die »Hartherzigkeit«, die zur Scheidung führte, wird aufgeweicht, die zur vergebenden Liebe unfähig gewordenen Partner können einander vergeben. Sie setzen ihre Kraft, ihre Zeit und ihr Geld dafür ein, daß ihre Kinder sich entfalten können und daß soviel wie irgend möglich der entstandene Schaden bewältigt werden kann.

c) Scheidung hat eine Auswirkung auf die Gemeinde der Christen

Ein an Jesus Christus glaubendes Ehepaar ist immer eingebunden in eine Gemeinschaft von Christen. Scheidung aber ist – wie jeder Verstoß gegen Jesu Wort, wie jede Sünde – der Hauptfeind der Glaubwürdigkeit eines Christen. Durch die Sünde einzelner verliert eine Gemeinde ihre missionarische Stoßkraft. Was Christen mit der Gnade Gottes in oft unvergleichlichem Bemühen aufgebaut haben, machen einzelne Sünder in Sekundenschnelle zunichte. Die Sünden einzelner Gemeindeglieder hindern den Gemeindebau und zerstören die Gemeinschaft der Glaubenden. Die Scheidung hat nicht nur einen theologischen, einen anthropologischen und soziologischen, sondern auch einen ekklesialen Negativaspekt. Die Scheidung zählt zu den eine Gemeinschaft der Glaubenden zerstörenden Sünden. Im Alten Testament werden derartige Sünden »Vergehen« genannt. Vergehen (hebräisch: ḥaṭṭā't) geht zurück auf das Zeitwort, das soviel heißt wie »ein Ziel verfehlen, sich vergehen« (R. Knierim). Es ist die Sünde als Verfehlung und Verirrung, aber auch die sogenannte »Schwachheitssünde« (F. Delitzsch). Dabei gibt es im Neuen Testament keinen Grund dafür, Geschiedene aus der Gemeinde auszustoßen. Nur in einem besonderen Fall von Unzucht schreibt Paulus an die Gemeinde in Korinth: »Wißt ihr nicht, daß schon ein wenig Sauerteig den ganzen Teig durchsäuert? Schafft den alten Sauerteig weg« (1Kor 5,6.7).

Der Geschiedene muß die Gemeinde nicht verlassen. Denn Gott läßt es nicht zu, daß seine Gemeinde auf Erden an der Schuld der Menschen zerbricht. Er sendet seinen Sohn, Jesus, in die Welt, stellt sich seinen Jüngern vor mit den Worten: »Ich bin der Weinstock, ihr seid die Reben. Wer in mir bleibt, bringt viel Frucht« (Joh 15,5). »Wer in mir bleibt«, behält seine missionarische Stoßkraft. Zur Zeit Jesu glaubte man, daß der Lebensbaum im Paradies ein Weinstock war. Wenn also Jesus sagt: »Ich bin der Weinstock«, so bedeutet dies: »Ich bin nicht allein das Brot des Lebens, ich bin auch der Baum des Lebens.«

Indem er auf seine Jünger zeigt, fährt Jesus im Bild fort und sagt: »Ihr seid die Reben.« Mit diesem Wort hat sich Jesus seine Jünger zugeeignet und zugleich die unauflösliche Verbindung zwischen ihm und denen, die ihm nachfolgen, aufgezeigt. Die Christen sind vergleichbar mit Reben am Weinstock, und sie haben die Möglichkeit, dies auch zu bleiben. Jesus sagt nicht: »Wer an mir bleibt«, wer an mir hängt wie eine Rebe am Weinstock, sondern: »Wer *in* mir bleibt.« Mit diesem Bildwort weist Jesus weg von den Ästen des Weinstocks, hinab in die Wurzeln. Er sagt damit: »Wer in mir wurzelt.« Es geht darum, so mit Jesus verwurzelt zu sein, daß es bis in die untersten Wurzeln des Lebens reicht.

Die Antwort Gottes auf das Vergehen des Menschen, das Gemeinde zerstört, ist Jesu Wort: »Wer in mir bleibt, bringt viel Frucht; denn ohne mich könnt ihr nichts tun.« Die Gemeinde muß an der Sünde einzelner Glieder nicht zerbrechen. Gott bietet jedem, der in Schuld geraten ist, wieder eine Verbindung an, die bis in die tiefsten Wurzeln reicht. Es gibt keinen Christen, der nicht umkehren kann zu dem Eingewurzeltsein in Jesus.

Das Alte Testament zeigt, wie mächtig, wie einflußreich und bestimmend die Sünde ist.

Die Antwort Gottes aber lautet: »Wenn auch die Sünde mächtig ist, so ist die Gnade noch mächtiger« (vgl. Röm 5,20). Die Gnade ist Jesus. Er ist der Weinstock. Er sagt: Wer in mir wurzelt, behält seine missionarische Stoßkraft. Keiner ist dazu verurteilt, die Gemeinde durch ein Vergehen zu belasten oder zu zerstören. Jeder kann umkehren und sich neu zu seinem Eingewurzeltsein in Jesus bekennen.

4. Das Leben allein und die Wiederheirat Geschiedener

Im Alten Testament war die Wiederheirat Geschiedener eine Selbstverständlichkeit.[4] Im Neuen Testament findet sich kein Text, der ausdrücklich eine Wiederheirat Geschiedener erlaubt. In allen vier Situationen, in denen Jesus von der Unauflöslichkeit der Ehe spricht, nennt er nicht nur die Scheidung, sondern auch die Wiederheirat Ehebruch. Wenn sich ein Mann von seiner Frau scheidet, trägt er die Schuld am Ehebruch, den die Frau begeht, wenn diese sich wieder verheiratet. Auch der, der eine geschiedene Frau heiratet, begeht Ehebruch (Mt 5,32). Wenn ein geschiedener Mann eine andere Frau heiratet, bricht er die Ehe (Mt 19,9). Der Mann, der seine Frau entläßt und eine andere heiratet, begeht Ehebruch. Auch der ist ein Ehebrecher, der eine Geschiedene heiratet (Lk 16,18). Des Ehebruchs schuldig macht sich der, der sich von seinem Partner scheidet, und der, der sich wieder verheiratet, und ebenfalls der, der einen Geschiedenen heiratet. Will sich ein Geschiedener nicht des Ehebruchs schuldig machen, so bleibt ihm nur ein Verzicht auf eine zweite Ehe.

a) Der Verzicht auf eine zweite Ehe

Wenn eine Scheidung vollzogen ist, so sagt Paulus, bleiben zwei Wege: die Wiederversöhnung oder der Verzicht auf die Ehe (1Kor 7,11). Da die Ehe eine Bindung bis zum Tode ist, ist der Partner, mit dem eine Ehe geschlossen wurde,

---

[4] Zur alttestamentlichen Praxis der Wiederheirat vgl. Bräumer, Scheidung und Wiederheirat, S. 42f.

aus dem Leber̶ ̶ ̶ ̶ ̶ ̶ ̶ ̶nen nicht einfach wegzu-
denken. »D̶ ̶ ̶ ̶ ̶ ̶ ̶ ̶ ̶ratung ist auch ein Handeln an
der alten ̶ ̶ ̶ ̶ ̶ ̶ ̶̶eutet den letzten Schritt zur endgül-
tigen Ab̶ ̶ ̶ ̶ ̶ ̶̶e Wiederversöhnung« (E. Wilkens). In
der Regel is̶ ̶ ̶ach einer Scheidung sehr bald der Weg zur
Wiederversöhnung durch einen oder beide geschiedenen
Partner so verbaut, daß keinerlei Möglichkeit des Wieder-
zueinanderfindens besteht. Auch in solchen Fällen gibt es
Geschiedene, die ein bewußtes freies Ja zu einem Leben
ohne zweite Ehe finden. Weit größer ist jedoch der Anteil
der Geschiedenen, die die ihnen abverlangte Ehelosigkeit
als Strafe empfinden, die sie meinen, abbüßen zu müssen.
Sie verzichten nicht freiwillig auf eine zweite Ehe, sondern
nur deshalb, weil sie sich sklavisch an ihren ersten Partner
gebunden fühlen. In solchen Fällen ist zumindest auf ein
Wort des Apostels Paulus zu hören: »Wenn aber der ungläubige Teil durchaus die Trennung will, so laß ihn sich
scheiden. In solchen Fällen ist der Bruder oder die Schwester nicht sklavisch gebunden (griechisch: dedoulotai). Zu
einem Leben in Frieden hat euch Gott berufen« (1Kor
7,15).

Ausgangspunkt seiner Überlegungen war für Paulus die
Ehe, die zwei Nichtchristen miteinander geschlossen haben. Während ihrer Ehe kommt ein Partner zum Glauben.
Dieser kann aber nicht schon deshalb die Scheidung aus
»Glaubensgründen« verlangen. Er soll vielmehr alles tun,
um mit dem nichtglaubenden Ehegatten zusammenzu-
bleiben, denn dieser kann durch ihn »geheiligt«, gesegnet
werden (1Kor 7,12–14). Tritt jedoch der Fall ein, daß der
nichtglaubende Teil die Bekehrung des andern mit allen
sich daraus ergebenden Folgen mit Füßen tritt und auf
Scheidung drängt, dann soll dieser in die Scheidung ein-

willigen. Die Ehe ist für ihn *keine sklavische Bindung*. Gott hat ihn zu einem Leben in Frieden berufen. Mit der Vergebung der Sünden hört die sklavische Bindung auf. Paulus bürdet dem verstoßenen Ehepartner – genausowenig wie Jesus der Sünderin (Joh 8) – keine lebenslang zu tragende Last auf. Das Leben eines Geschiedenen, der die Vergebung Jesu erhalten hat, ist ein freies Leben in Frieden. Dieses freie Leben in Frieden kann auch bedeuten, daß ein Geschiedener nicht in jedem Fall unverheiratet bleiben muß.

Gerade Menschen, die als Nichtglaubende geheiratet haben, erleben es nicht selten, daß ihre Verbindung durch die Bekehrung des einen Teils zerbricht und daraufhin der Weggang des andern Teils erfolgt. In diesem Fall ist nach Paulus der »verstoßene« Ehepartner nicht *sklavisch* gebunden. »Wenn der nichtgläubige Teil die Bekehrung des andern samt den sich daraus ergebenden geistlichen und sittlichen Folgerungen nicht annehmen kann und sich daraufhin von seinem christlich gewordenen Ehegatten trennt, dann steht es diesem frei, sich wieder zu verheiraten« (M. Thurian).

Auch für Menschen, die ihre Ehe geschlossen haben, bevor sie zum Glauben an Jesus Christus kamen, ist es unverständlich, daß sie bei einem Traubegehren nach vorausgegangener Scheidung unter Kirchenzucht gestellt werden sollen. Max Thurian nennt ein solches Vorgehen »gefährlich«, auch wenn es unter »dem Vorwand der Treue zur Bibel« geschieht.

b) *Vergebung ohne Ausnahmeklausel*

Kein Ehebrecher, der zu Jesus kam, wurde zurückgestoßen. Die Pharisäer hätten jene »stadtbekannte Dirne« (Lk 7,37) am liebsten des Hauses verwiesen. Jesus erkannte das Anliegen der Frau. Sie suchte die Umkehr und bekannte sich zu Jesus als ihrem Herrn. Zu der Sünderin sagte Jesus: »Deine Sünden sind dir vergeben« (Lk 7,48). Den Pharisäern zugewandt, erklärte Jesus: »Ihre vielen Sünden sind ihr vergeben, denn sie hat viel Liebe erwiesen« (Lk 7,47).

Diese nicht leicht zu verstehende Aussage Jesu besagt: »Gott muß ihr ihre Sünden, so viele es sind, vergeben haben, weil sie so große dankbare Liebe erweist« (J. Jeremias).

Gott setzt alles daran, so erklärt Jesus im Gleichnis vom verlorenen Schaf, daß kein »Verirrter« verlorengeht (Mt 18,12–14). Selbst das abgestufte Gemeindezuchtverfahren, das bis zum Ausschluß aus der Gemeinde führen kann (Mt 18,17), gipfelt in der »grenzenlosen Vergebungsbereitschaft« (W. Schrage). Im Anschluß an das Wort Jesu zur Gemeindezucht fragte Petrus, ob es nicht einen Punkt gäbe, an dem die Grenze der Vergebung erreicht sei. Jesus antwortete ihm: Petrus, du mußt dich völlig neu orientieren. Es reicht »nicht, siebenmal zu vergeben, sondern siebenzigmal siebenmal« (Mt 18,22).

Wer Jesus nachfolgt, steht unter dem Gebot der grenzenlosen Vergebungsbereitschaft Jesu. Vergebung ermöglicht einen Neuanfang (vgl. Mt 5,43–48; 18,28ff; Lk 6,35f; Joh 8,11). »Vergebung ist nicht nur das Durchstreichen des Geschehenen, sondern auch das Schaffen neuen Lebens« (W. Bienert).

Als Jesus im Vorhof des Tempels die Ehebrecherin freisprach, verbot er ihr mit keinem Wort die Eheschließung mit ihrem Verlobten oder, falls sie bereits verheiratet war, die Fortsetzung ihrer Ehe. Er sagte der Frau, die sich zu ihrer Schuld und zu Jesus als ihrem Herrn bekannte, lediglich: Beginn ein neues Leben! »Geh und sündige von nun an nicht mehr« (Joh 8,11).

Ehebruch ist für Jesus kein Scheidungsgrund. Die sogenannte Ausnahmeklausel für eine Ehescheidung lautet nicht: »es sei denn wegen Ehebruch« (griechisch: moicheia), sondern: »es sei denn wegen Unzucht« (griechisch: porneia, Mt 19,9). Ehebruch und Unzucht sind in der Ursprache »deutlich verschiedene Handlungen« (Bo Reicke). Unzucht ist Ehebruch dann, wenn dieser vom Ehebrecher bewußt fortgesetzt und gewollt und nicht aufgegeben wird. Es gibt keinen Hinweis im Neuen Testament, daß ein Mensch, der einmal in eine fremde Ehe eingebrochen ist, danach nicht einen anderen Partner heiraten darf.

Ein Seelsorger, dem in einem Traugespräch von einem der Brautleute ein Ehebruch bekannt wird, kann nicht deshalb schon das Traubegehren der zu ihm Gekommenen ablehnen. Er wird vielmehr auf die Umkehr, die Beichte und die Macht der Vergebung verweisen. Ist die Vergebung Gottes zugesprochen und haben sich die Brautleute untereinander vergeben, gibt es kein Hindernis für eine Trauung vor Gottes Altar. Vergebung gibt es nicht nur im Falle von Ehebruch und vorehelichen Beziehungen. Das Angebot der Vergebung gilt auch zwei Menschen, die in Worten und Taten so aneinander schuldig geworden sind, daß ihre Ehe zerbrochen ist. Für die Vergebung gibt es keine Ausnahmeklausel. Kein verantwortlicher Seelsorger wird sich das Recht anmaßen, über die Schuld von Ehegatten zu richten, deren Ehe zerstört und geschieden ist. »Wer von euch ohne Sünde ist, der mag als erster einen Stein werfen« (Joh 8,7).

So bleibt nur die Frage, ob eine geschiedene Ehe in jedem Fall ein Hindernis für einen Neuanfang in einer zweiten Ehe ist! Zwei Menschen können nach einem vorausgegangenen Ehebruch oder nach vorehelichen Beziehungen auch mit wechselnden Partnern nach Empfang der Vergebung eine Ehe vor Gott schließen.

Müssen Geschiedene die Folgen ihrer Schuld bis zu ihrem Lebensende oder zumindest bis zum Tod des einen Ehegatten abbüßen?

c) Wiederheirat und die Trauung Geschiedener

Ein Seelsorger, der sich nach langem Ringen für die Trauung Geschiedener entschließt, kann sich bei seiner Entscheidung auf kein Wort des Neuen Testamentes berufen, in dem ausdrücklich eine Wiedertrauung erlaubt ist. Er wird dem Seelsorger, der unter Berufung auf Jesu Wort grundsätzlich die Trauung Geschiedener verweigert, mit Ehrfurcht und Hochschätzung begegnen. Konsequent wäre es jedoch, wenn ein solcher Seelsorger auch keine Paare trauen würde, die zuvor mit einem anderen Partner in vorehelichen Beziehungen lebten. Dasselbe gälte auch für eine Ehe ohne Trauschein, die mit einem anderen Partner geführt wurde als mit dem, der schlußendlich geheiratet werden soll. Die Ehe vor Gott beginnt mit dem Einswerden der beiden Partner.[5] Wenn für Paare, die vor einer Trauung mit einem anderen Partner in einer eheähnlichen Beziehung lebten, Vergebung, Neuanfang und Trauung möglich ist, warum dann nicht auch für Geschiedene? Wenn ein Seelsorger Geschiedene vor Gottes Altar traut, »tut er es nicht im Namen irgendeines Rechtes oder eines erfüllten Gesetzes, sondern im Namen der Vergebung durch das Kreuz Jesu Christi, die auch die Sünde der Scheidung reinwaschen kann« (Th. Bovet).

[5] Vgl. Bräumer, Scheidung und Wiederheirat, S. 26f.

Die in Jesu Sühnetod gründende Vergebung gilt für *alle* Sünden. Sie umfaßt die Sünden der Gedanken und des Begehrens in gleicher Weise wie die zur Tat gewordene Schuld. Für die Vergebung gibt es keine Ausnahmeklausel!

Kommt ein Seelsorger im Vertrauen auf die Macht der Vergebung zur Entscheidung, Geschiedene wieder zu trauen, so ist diese Trauung kein Haus- oder Winkelgottesdienst. Es ist ein Traugottesdienst in der Gemeinde.

Verschweigt ein Pfarrer bei der Trauung Geschiedener die Gebote und Weisungen Jesu, wird er zum Ritus- und Religionslakaien. Er macht sich schuldig vor Gott und schuldig vor Menschen.

Die kirchliche Trauung Geschiedener spricht deshalb einen sogenannten »*Vorhalt*« aus (G. Hennig). Dieser kommt zum Ausdruck in speziellen Formulierungen innerhalb des Traugottesdienstes. Der gesamte Ablauf des Traugottesdienstes ist dadurch geprägt, daß es sich nicht um eine erste Trauung handelt, sondern um einen Neuanfang nach einer vorausgegangenen zerbrochenen Ehe. Die Scheidung wird nicht verschwiegen. Einzelheiten werden jedoch nicht genannt, um den oder die Geschiedenen nicht bloßzustellen. Der »Vorhalt« nimmt Bezug auf das unter dem Beichtsiegel geführte Traugespräch. Die vor den Traualtar Tretenden werden so nicht beschämt, und die anwesenden Gemeindeglieder werden nicht zu Richtern aufgerufen. Die Schuld, durch die die erste Ehe zerbrochen ist, bleibt Beichtgeheimnis.

In der Trauung Geschiedener haben die Stille Beichte, der öffentliche Zuspruch der Vergebung für die bekannte und bereute Schuld sowie der Empfang des Heiligen Abendmahls die zentrale Stellung schlechthin. In diesem Teil des Traugottesdienstes wird ausdrücklich darauf hingewiesen, daß es für die Vergebung keine Ausnahmeklausel gibt. Mitte der Verkündigung ist die Botschaft zur Befreiung und zu einem Leben in Frieden.

Wer das Scheitern einer Ehe als eine Geschichte der Sünde und der göttlichen und menschlichen Vergebung erlebt hat, »den kann auch eine zweite Trauung in eine solche Tiefe der Gottesnähe führen, daß er nun erst weiß und sagen kann, was Gnade ist« (G. Hennig). Die Texte, die bei der Trauung Geschiedener verlesen werden, sind dieselben Texte wie bei jeder Trauung. Nach der Schriftlesung über die Unscheidbarkeit der Ehe (Mt 19,4ff) wird folgender Abschnitt eingefügt:

»Die Ehe ist also nach Jesu Wort unauflöslich. Wo auch Christen an dieser Ordnung schuldig geworden sind, müssen *wir (!)* uns vor Gott beugen. ›Wenn du, Herr, Sünden anrechnen willst, Herr, wer will vor dir bestehen?‹« Gottes Vergebung aber kann uns einen Neuanfang unter seiner guten Lebensordnung schenken. Dazu verhelfe euch Gott.«

Die Traufragen lauten:

»Nachdem ich euch im Namen Gottes die Vergebung zugesprochen habe und Gott euch einen Neuanfang ermöglicht hat, frage ich euch vor Gott und dieser Gemeinde: N.N., willst du N.N., den Gott dir anvertraut, als deinen Ehemann lieben und ehren (die Gott dir anvertraut, als deine Ehefrau lieben und ehren), die Ehe mit ihm (ihr) nach Gottes Gebot und Verheißung führen in guten wie in bösen Tagen, bis der Tod euch scheidet, so antworte: Ja, mit Gottes Hilfe.«

Diese Traufrage und das Versprechen vor Gott dürfen auch im Traugottesdienst Geschiedener nicht fehlen. Es ist das heilige Versprechen an dem von Gott ermöglichten Neuanfang. Der Segen über die ineinandergefügten Hände lautet:

»Gott hat euch einen Neuanfang geschenkt.

›Was Gott zusammengefügt hat,

das soll der Mensch nicht scheiden‹ (Mt 19,6).«

Hier steht dem geschiedenen Teil noch einmal wie beim Trauversprechen das ganze Trümmerfeld der zerbrochenen und geschiedenen Ehe vor Augen. Um so größer aber ist die Sehnsucht nach dem Gottessegen:

»Der Segen Gottes

des Vaters, des Sohnes und des Heiligen Geistes

komme über euch

und bleibe bei euch jetzt und immerdar.«

»Friede † sei mit euch« (Joh 20,19b).

Ein Pfarrer, der eine solche Trauung Geschiedener vollzieht, tut dies nicht aufgrund einer direkten Weisung oder eines Gebotes Jesu. Er tut es allein in der Hoffnung auf Gottes Barmherzigkeit und in der Gewißheit, daß Gottes Vergeben ein neuschaffendes Handeln ist. Bei einer Trauung Geschiedener ist und bleibt es das Gebet des Pfarrers:

»Wenn du, Herr, Sünden anrechnen willst,

o Herr, wer kann bestehen?

Doch bei dir ist die Vergebung,

daß man dich fürchte« (Ps 130,3).

Joachim Cochlovius

II. Was Gott zusammengefügt hat, das soll der Mensch nicht scheiden

1. Scheiden tut weh

Die bekannte Erfahrung, daß Scheiden weh tut, können in unserer Zeit immer mehr Geschiedene bekräftigen. Von einer amerikanischen Langzeitstudie über die Spätfolgen von Scheidungen, die Ende der achtziger Jahre erschienen ist, fällt neues Licht auf die mit der Scheidung verbundenen Nöte. Die amerikanische Psychologin Judith Wallerstein und die Wissenschaftsjournalistin Sandra Blakeslee haben 15 Jahre lang enge Kontakte zu 60 geschiedenen Paaren mit insgesamt 131 Kindern gepflegt. Ihr traurig machendes Fazit lautet, daß die Scheidung nur »juristisch ein einmaliges, zeitlich begrenztes Ereignis« sei, in Wirklichkeit aber »ein Prozeß, der das Leben der Betroffenen ein für allemal verändert«. Noch 10 Jahre nach der Scheidung hatten etwa die Hälfte der befragten Frauen und ein Drittel der Männer mit unbewältigten Gefühlen wie Trauer, Wut und Zorn zu kämpfen. Die Hälfte der geschiedenen Mütter berichtete von großen gesundheitlichen Problemen nach der Scheidung. Erkältungen, Kopfweh, Rückenschmerzen, Verstopfung, Migräne oder Bluthochdruck wurden als die häufigsten körperlichen Folgen der Scheidung genannt. Die Kinder erlebten die Scheidung der Eltern meistens nicht als Neubeginn, sondern als Bedrohung.

»Alle Kinder aus geschiedenen Ehen haben zwei Dinge gemeinsam: Sie fürchten sich vor Zurückweisung und Untreue, und sie leiden ihr Leben lang unter Verlustängsten.« Fünf Jahre nach der Scheidung ging es nur einem Drittel der Kinder gut, weil sie intakte Beziehungen zu beiden Elternteilen aufbauen konnten. Fast alle Kinder faßten die Scheidung als Ablehnung ihrer eigenen Person auf. Die Verfasserinnen zitieren Aussprüche wie: »Er hat Mama verlassen, ich bedeute ihm also gar nichts mehr«, oder: »Sie hat Papa verlassen, mich hat sie also auch nicht gewollt.« Die meisten Kinder glaubten insgeheim, daß sie selbst der Grund für die Trennung der Eltern gewesen seien und wurden häufig von Schuldgefühlen geplagt.

Eine Zeitungsmeldung – ebenfalls Ende der achtziger Jahre – berichtet von 167 Tötungsdelikten im Zusammenhang mit Scheidung und Trennung in einem einzigen Jahr in der Bundesrepublik Deutschland. Dies sei ein Fünftel aller Morde und Totschlagsvergehen. In derselben Meldung wird ein Ausspruch der Kriminalpolizei in Hannover zitiert: »Bei über 50% unserer Mord- und Totschlagsfälle ist das Motiv Eifersucht, Trennung oder Scheidung.« Und schließlich noch eine Meldung, die im Zusammenhang mit dem 57. Deutschen Juristentag 1988 stand: Allein in Hamburg war im Jahr 1987 bei 80% aller Selbstmordfälle das Motiv in seelischen Problemen nach Trennung oder Scheidung zu suchen.

Diese nüchternen Zahlen können jedoch nicht einmal annähernd die Dimension der Not beschreiben, die bei der Trennung und Scheidung von Ehen auftritt. Sie lassen aber den Ernst des Problems erahnen. Seitdem auch die Hoffnung verflogen ist, daß durch die Liberalisierung der Ehescheidungsgesetzgebung im Jahre 1977 die Scheidungsquote verringert werden könnte, scheinen sich die Politiker – und leider weithin auch die Kirche – mit dem Notstand der zunehmenden Scheidungen abgefunden zu haben. Erschwerend kommt für unser wiedervereinigtes Volk noch die Tatsache hinzu, daß das Bewußtsein der Menschen in den neuen Bundesländern von einer noch stärker liberalisierten Ehescheidungspraxis, als sie im Westen üblich war, geprägt ist.

Mit diesen soziologischen und gesellschaftspolitischen Beobachtungen ist aber noch nichts über die geistliche Problematik gesagt, die in der Zunahme der Scheidungen uns entgegentritt. Seitdem das sog. Zerrüttungsprinzip in der Rechtssprechung gilt, wird die Dimension des persönlichen Versagens und der Schuld voreinander und vor Gott nicht mehr so bewußt, wie es früher der Fall war. Aber der Faktor der Schuld läßt sich nicht dadurch beseitigen, daß man ihn nicht mehr anspricht. Die Schuld bleibt als unbewältigtes Problem zurück. Wer sagt den Menschen, wohin sie mit ihrer Schuld gehen sollen? Wenn man sich überhaupt noch eine Steigerung der mit den Scheidungen verbundenen Nöte vorstellen kann, dann liegt sie im unruhigen Gewissen und in der unbewältigten Schuld. Denn wer seine Schuld nicht geistlich zu bewältigen vermag, der ist elend dran. Er muß sie verdrängen, er muß sie zu vergessen suchen oder sie immer auf andere Menschen und Umstände schieben. Eine dauernde Unruhe liegt auf seinem Leben, und er läuft Gefahr, am Leben vorbeizuleben. Für die christliche Seelsorge ist dies eine große Herausforderung.

Die folgenden Ausführungen sind aus einer etwa zehnjährigen Beschäftigung mit den biblischen Aussagen über Ehe, Ehescheidung und Wiederheirat sowie aus Eheseminaren und eheseelsorgerlichen Gesprächen erwachsen. Sie sind von der Erfahrung mitbestimmt, daß die Frage nach Scheidung und Wiederheirat heute in zunehmendem Maße auch von Christen ernsthaft gestellt wird. Je länger ich mich – zusammen mit meiner Frau – mit der Scheidungsproblematik und der biblischen Sicht dazu befaßt habe, desto fester wurde mir die Gewißheit, daß das Wort Gottes allen, die ernsthaft fragen, eine klare, unzweideutige Antwort zu geben vermag. Es ist eine Antwort, die aus der Seelsorge Gottes entspringt und die einen gangbaren Weg beschreibt. Christus sagt von sich, daß er selber der Weg sei. Deswegen dürfen Christen wissen, daß er für sie auch einen Weg hat, wie verfahren ihre persönliche Situation auch sein mag.

2. Geschaffen, um zu lieben

Jeder Beschäftigung und jeder Entscheidung in den mit der Scheidung zusammenhängenden Fragen liegt ein bestimmtes Bild vom Menschen zugrunde. Wenn wir die Problemkreise Scheidung und Wiederheirat Geschiedener in das Licht der biblischen Offenbarung stellen wollen, müssen wir uns deswegen vorher über das biblische Menschenbild klar werden.

Wir Menschen sind Geschöpfe eines trinitarischen Gottes, der nicht nur Liebe ist (1Joh 4,16), sondern diese Liebe auch unablässig innertrinitarisch lebt. Was ist damit gemeint? Der Vater lebt für den Sohn in einer einzigartigen Weise. Das 1. Kapitel im Hebräerbrief gibt uns einen Eindruck von dieser väterlichen Liebe. Dort lesen wir, daß der Vater dem Sohn das Erbe übereignet hat, daß er ihm Anteil an seinem eigenen Charakter gibt, daß er das ganze Schöpfungswerk durch die Hand seines Sohnes erschaffen hat und daß er seinem Sohn immer wieder bestätigt: »Du bist mein geliebter Sohn, an dir habe ich Wohlgefallen.« Im ganzen Leben Jesu, besonders vielleicht im Hohenpriesterlichen Gebet (Joh 17), äußert sich die absolute Liebe des Gottessohns zu seinem Vater. Sie wird konkret in seinem einzigartigen Gehorsam. Ähnlich können wir die Beziehung zwischen dem Sohn und dem Heiligen Geist beschreiben. Sie ist besonders in den Abschiedsreden Jesu (Joh 14–16) zu studieren. Die Liebe des Sohnes zum Geist zeigt sich darin, daß er ihn als seinen Stellvertreter auf Erden einsetzt, daß er durch ihn im Christen Wohnung nimmt. Und die Liebe des Geistes zum Sohn äußert sich in unbedingter Hingabe, in der großen Leidenschaft, Christus in dieser Welt zu verherrlichen und ganz hinter ihm zurückzutreten.

So ist Gott selbst in seinen drei Personen, in denen er sich offenbart, ein einziger Beweis tätiger Liebe, die das Beste des anderen sucht. Dies berechtigt uns, von einem »kommunikativen« Gott zu sprechen. Wer dieses Wesen Gottes erkannt hat, findet es in allen Schöpfungswerken abgebildet. Die ganze Natur ist ein einziger Kommunikations-Zusammenhang. Nichts ist für sich selbst, sondern alles ist für andere, für das Ganze geschaffen. Ein sehr deutliches Beispiel für dieses Prinzip bietet der menschliche Organismus. Paulus selbst verweist auf die zur Kommunikation geschaffenen menschlichen Organe, um den Organismus des Nehmens und Gebens in der christlichen Gemeinde zu erklären (1Kor 12).

So ist auch die Bestimmung des Menschen zu verstehen. Er ist zu liebender Kommunikation erschaffen, und die Ehe, die Gemeinde, aber auch seine ganzen Beziehungs-

und Arbeitsfelder sind nichts anderes als eine einzige große Chance zur Einübung in gelingende Kommunikation. Das Buch der Offenbarung zeigt uns in seinen letzten Kapiteln, daß die eigentliche Letztbestimmung des Menschen im unmittelbaren Zusammenleben mit Gott selbst zu suchen ist. »Siehe da, die Hütte Gottes bei den Menschen! Und er wird bei ihnen wohnen, und sie werden sein Volk sein, und er selbst, Gott, wird mit ihnen sein; und Gott wird abwischen alle Tränen von ihren Augen, und der Tod wird nicht mehr sein, noch Leid noch Geschrei noch Schmerz wird mehr sein; denn das Erste ist vergangen« (Offb 21,3ff). Wenn wir diese schöpfungsmäßige Bestimmtheit des Menschen im Auge behalten, wird es uns leichter fallen, die biblische Schau von der Ehe, von Ehescheidung und Wiederheirat Geschiedener zu verstehen.

Seitdem die Welt durch den Sündenfall unter den Fluch der Vergänglichkeit und Nichtigkeit getan wurde, ist Satan als der mächtige und listige Feind Gottes unablässig am Werk, um das Gelingen menschlicher Kommunikation zu verhindern. Schon sein erster Angriff im Paradies richtete sich auf dieses Ziel. Er verstand es, Evas Vertrauen in die liebende Fürsorge Gottes zu unterhöhlen. Gleichzeitig beeinflußte und veränderte er die Kommunikation zwischen Adam und Eva. Anstatt in der versuchlichen Situation den Schutz und die Fürsorge Adams zu suchen, entscheidet Eva eigenmächtig und begründet damit den Fall in die Sünde, in die Zielvergessenheit menschlicher Existenz. Wer dieses oberste Ziel satanischer Machtentfaltung kennt, nämlich Beziehungen zu stören und echte, aus dem Herzen kommende, liebende Kommunikation zu verhindern, den nimmt es nicht Wunder, daß die Not unserer Ehen und letztlich auch die ganze Scheidungsnot auf gestörte und zerstörte Kommunikation zurückzuführen ist. Es vergeht kaum ein Eheseminar, bei dem dieses Bekenntnis nicht ausgesprochen wird: »Wir sprechen zu wenig miteinander.«

Im Licht dieser biblischen Einsichten erscheint jeder Gedanke an Scheidung und jede vollzogene Scheidung als ein Sieg des großen Kommunikationsstörers. Andererseits wird jede Therapie einer krisenhaften Ehe, die Aussicht auf Erfolg haben will, hier ihren Anfang nehmen müssen. Es gilt, Wesen und Grundlage gelingender Kommunikation zwischen Mann und Frau neu zu entdecken.

3. Die Ehe – gestiftet von Gott

Von dem schwedischen Filmregisseur Ingmar Bergman stammt ein tief pessimistisches Wort über die Ehe. In seinen »Szenen einer Ehe« (1975) sagt jemand: »Glaube nie, daß du die Einsamkeit aufheben kannst. Sie ist absolut.« Eine Gemeinsamkeit könne man nur »dichten«, in Wirklichkeit sei sie eine »Illusion«. »Die Einsamkeit ist gleichwohl total.« Wenn diese Aussagen stimmten, wäre damit die Axt an die Wurzel der Ehe gelegt. Sie wäre dann nichts weiter als der krampfhafte und zum Scheitern verurteilte Versuch, dem Schicksal menschlicher Einsamkeit zu entkommen. Bei dieser Voraussetzung bekäme die Ehescheidung sogar noch einen positiven Akzent. Sie würde dann zum ehrlichen Eingeständnis, daß zwei Menschen einer Illusion gefolgt sind.

Ein Christ, der den Charakter und die unendliche Liebe Gottes zu verstehen begonnen hat, vermag so nicht zu urteilen. Gott hat den Menschen nicht für das Chaos, nicht für die Wüste, nicht für die Einsamkeit und nicht für die Sinnlosigkeit erschaffen, sondern er ist der liebende Vater, der das Beste seiner Geschöpfe will. Und weil er ein kommunikativer Gott ist, hat er den Menschen auf Gemeinschaft und auf gelingende Beziehungen hin erschaffen. Schon die elementare Tatsache, daß wir Menschen zweigeschlechtlich, als Mann oder Frau erschaffen sind, ist der anschaulichste Beweis dafür.

Weil Gott ein fürsorglicher Gott ist, erschafft er den Mann und die Frau so, daß sie Beziehungswesen sind, und er erschafft das Modell ihrer Beziehung gleich mit. Indem er Adam eine Frau und nicht mehrere zur Seite stellt, und indem er Eva beruft, »Hilfe« ihres Mannes zu sein, ist das göttliche Konzept für das Zusammenleben von Mann und Frau ein für allemal begründet. Das Zusammenleben von Mann und Frau nach dem Plan Gottes ist damit doppelt gekennzeichnet: *Ein* Mann soll mit *einer* Frau zusammenleben, und die beiden sollen lebenslang zusammen sein, denn nur so vermag die Frau dem Mann im vollen Sinne des Wortes »Hilfe« zu sein.

Die Ehe als Konzeption einer lebenslangen Kommunikations- und Hilfsgemeinschaft zwischen einem Mann und einer Frau ist also eine göttliche Schöpfung, oder besser gesagt: eine Stiftung Gottes. Gott weiß, warum er das Zusammenleben von Mann und Frau in dieser Form für uns Menschen will. Nur als Einehe und nur als lebenslange Gemeinschaft vermag die Ehe Heimat, Geborgenheit, Einübungsfeld in gelingende Kommunikation und der Ort für die Erfahrung tiefen Eins-Seins zweier Menschen zu sein. Gott gönnt uns diese elementaren Erfahrungen, und er möchte uns durch sie zu seiner Anbetung führen.

Natürlich ist die Ehe in öffentlich-rechtlicher Hinsicht

auch ein Vertragswerk. Aber ihr Wesen geht nicht auf in dem Stichwort »Vertrag«. Ein Vertrag ist eine menschliche Übereinkunft, und als solche kann sie unter bestimmten Voraussetzungen angefochten und beendet werden. Als Stiftung Gottes aber ist sie eine von Gott lebenslang gemeinte Gemeinschaft. Bei den folgenden Darlegungen kommt viel darauf an, welchem Leitbild der Ehe wir folgen. Wenn wir ihren Stiftungscharakter ernst nehmen, dann erscheint die Scheidung zwar als eine rechtliche Möglichkeit, die der Staat gewährt, nicht aber als gangbarer Weg für Christen, die sich der Sicht der Ehe als lebenslanger Gemeinschaft gewissensmäßig verbunden wissen. Wenn die Ehe jedoch als ein menschlicher Vertrag angesehen wird, dann ist die Scheidung eine entweder zweiseitig oder einseitig gewünschte und vollzogene Vertragsauflösung.

4. Ein Geheimnis

Dem aufmerksamen Bibelleser entgeht es nicht, daß im Alten Testament das Verhältnis Gottes zum Volk Israel öfters unter dem Bild der Verlobung, und daß im Neuen Testament an vielen Stellen die verheißene Gemeinschaft des auferstandenen Christus mit der erlösten Gemeinde mit dem Bild der Hochzeit beschrieben wird. Eine der bekanntesten Stellen im Alten Testament steht beim Propheten Hosea im 2. Kapitel: »Ich will mich mit dir verloben für alle Ewigkeit, ich will mich mit dir verloben in Gerechtigkeit und Recht, in Gnade und Barmherzigkeit. Ja, in Treue will ich mich mit dir verloben, und du wirst den Herrn erkennen« (Hos 2,21ff). In den Evangelien wird die Vereinigung

Christi mit seiner Gemeinde am Tag seiner Wiederkunft in manchen Gleichnissen als Hochzeitsmahl beschrieben (z.B. Mt 22,1–14). Die Offenbarung des Johannes schildert dieses große Ereignis, auf das die Gemeinde Jesu zugeht, im 19. Kapitel. Dort heißt es: »Halleluja, denn der Herr, unser Gott, der Allmächtige, hat das Reich eingenommen! Lasset uns freuen und fröhlich sein und ihm die Ehre geben, denn die Hochzeit des Lammes ist gekommen, und seine Braut hat sich bereitet« (Offb 19,6f).

In dieser Tradition steht der Apostel Paulus, wenn er im Epheserbrief im 5. Kapitel den inhaltsschweren Satz in 1. Mose 2,24 – »Darum wird der Mann Vater und Mutter verlassen, seiner Frau anhangen, und die zwei werden ein Fleisch sein« – auf das Verhältnis des auferstandenen Christus zu seiner Gemeinde anwendet. Dies ist ein unerhört kühner Gedanke. Er drückt folgendes aus: Genauso wie Christus die himmlische Geborgenheit verlassen und alles hergegeben hat, um der Gemeinde zu dienen und sich mit ihr zu vereinigen, so verläßt auch der Mann die Geborgenheit des Elternhauses, sucht seine Frau und vereinigt sich mit ihr. In dieser Schau des Apostels, die er bewußt »Geheimnis« nennt, weil sie nur geistlich verstanden werden kann, empfängt die Ehe eine einmalige Würde. Sie darf ein irdisches Abbild der großen Vereinigung sein, die Christus seiner Gemeinde schenken wird, wenn er am Ende der Tage wiederkommt. Dieser Abbildcharakter macht die Ehe transparent. Sie weist über sich hinaus. Das Schönste, was sie zu bieten hat, Heimat, Geborgenheit und Eins-Sein, wird zum Vorgeschmack der ewigen Heimat und Geborgenheit und der ewigen Kommunikation der erlösten Gemeinde mit ihrem Heiland.

Es ist einsichtig, daß eine geschiedene Ehe diesen Abbildcharakter verliert. Sie vermag kein Hinweis mehr auf die unwandelbare Treue Christi zu seiner Gemeinde zu sein. Sie spendet keine Geborgenheit mehr und kann demzufolge auch kein Abglanz himmlischer Geborgenheit sein. Sie dokumentiert eine mißlungene Kommunikation und kann kein Vorgeschmack ewiger Gemeinschaft mit Christus sein. Um dieses Abbildcharakters der Ehe willen kann die Scheidung für Christen, denen dieses »Geheimnis« klargeworden ist, kein Lösungsangebot ehelicher Schwierigkeiten sein.

5. Wann beginnt eine Ehe und wann endet sie?

In der seelsorgerlichen Praxis begegnet man recht unterschiedlichen Auffassungen vom Beginn und vom Ende der Ehe. Verbreitet ist z.B. die Ansicht, daß die Ehe vor Gott mit dem Intimverkehr eines Mannes mit einer Frau beginnt. Die Auffassung der römisch-katholischen Kirche geht dahin, daß die Ehe vor Gott erst mit der Spendung des Ehesakraments durch den Priester, also mit der kirchlichen Trauhandlung begründet wird. Ähnlich denken auch manche Kreise im evangelischen Bereich. Schließlich ist noch eine dritte Auffassung zu erwähnen, daß die Ehe vor Gott mit einem privaten Treueversprechen beginnt. Alle drei Ansichten müssen aber vom Wort Gottes her zurückgewiesen werden.

Was sagt die Schrift über den Beginn einer Ehe?

In der Bibel geht der öffentlichen Eheschließung in der Regel eine Verlobungszeit voraus. Sie beginnt mit einer privatrechtlichen Vereinbarung zwischen den Familien des Bräutigams und der Braut. Meistens wurde auch ein

Brautpreis festgelegt, der dem Vater der Braut zu zahlen oder zu leisten war und von dem ein Teil für die Ausstattung der Braut verwendet wurde (vgl. 1Mo 34,11ff; Jos 15,16; 1Sam 17,25). Während der Verlobungszeit wohnte die Braut noch in ihrer Familie. Geschlechtsgemeinschaft war den Verlobten nicht erlaubt. Dies geht eindeutig aus den Äußerungen und aus dem Verhalten Marias und Josephs hervor, nachdem sie von der Schwangerschaft erfahren hatten. Vorehelicher Intimverkehr lag für sie außerhalb ihres Blickfeldes (Mt 1,18ff; Lk 1,26ff).

Im alttestamentlichen Gesetz wurde ein verlobtes Mädchen durch harte Gesetze vor Vergewaltigung bzw. Verführung geschützt. Der Täter wurde gesteinigt, und im Fall ihrer Einwilligung in die Tat das Mädchen ebenfalls (5Mo 22,23ff). Auch aus diesem gesetzlichen Schutz der Jungfräulichkeit einer Verlobten geht klar hervor, daß voreheliche Intimgemeinschaft für Verlobte völlig außerhalb der Norm stand.

Insgesamt läßt sich von der Verlobung sagen, daß sie zwar die rechtliche Grundlage der Ehe bildete, aber noch nicht als Ehe mit ihren besonderen Rechten und Pflichten gewertet wurde. Die Ehe beginnt nach gesamtbiblischem Zeugnis mit der Heimholung der Braut durch den Bräutigam, also mit der öffentlich gefeierten Hochzeit. Die Braut wird vom Bräutigam unter großer öffentlicher Anteilnahme in sein Haus geholt (vgl. Mt 25,6). Die Öffentlichkeit oder die anwesenden Freunde übten dabei die Funktion von Zeugen aus (Ruth 4,11; Ri 14,11). Die Hochzeit war ein großes Fest, das bis zu sieben Tage dauern konnte (1Mo 29,27; Ri 14,12; Joh 2,2). Damit ist klar, daß nach biblischer Auffassung weder eine privatrechtliche Vereinbarung noch geschlechtliche Gemeinschaft, sondern erst die öffentlich gefeierte Hochzeit die Ehe begründet. Ein Zusammenleben von Mann und Frau ohne Hochzeit wird nirgends in der Bibel erlaubt, als möglich hingestellt oder als Ehe bezeichnet (vgl. Joh 4,18).

Auf unsere gesellschaftliche Situation übertragen bedeutet dies, daß die Ehe mit dem öffentlichen Treueversprechen des Brautpaares vor dem Standesamt beginnt. Intimverkehr von Nichtverheirateten begründet keine Ehe, sondern ist, biblisch gesehen, als »Unzucht« zu werten. Das gleiche gilt für ein Zusammenleben von Mann und Frau ohne öffentliche, d.h. standesamtliche Treueerklärung, wenn es Intimverkehr einschließt.

Wie wir bereits in den beiden vorherigen Abschnitten gesehen haben, ist die Ehe als Stiftung Gottes von lebenslanger Dauer. Sie erlischt erst mit dem Tode eines Ehegatten. Paulus führt in Römer 7,2 aus: »Eine Frau ist an ihren Mann gebunden durch das Gesetz, solange der Mann lebt; wenn aber der Mann stirbt, so ist sie los vom Gesetz, das sie an den Mann bindet.« Ganz ähnlich heißt es in 1. Korinther 7,39: »Eine Frau ist gebunden, solange ihr Mann lebt; wenn aber ihr Mann entschläft, ist sie frei, zu heiraten, welchen sie will, nur daß es in dem Herrn geschehe.« Der Ausdruck »gebunden« läßt 1. Mose 2,24 und Matthäus 19,6 anklingen, wo beide Male von der vor Gott unlösbaren ehelichen Gemeinschaft die Rede ist.

Vor diesem Hintergrund wird deutlich, warum Jesus in dem Streitgespräch mit den Pharisäern und in der Bergpredigt die Wiederheirat Geschiedener zu Lebzeiten ihres geschiedenen Ehegatten »Ehebruch« nennt (Mt 5,32; Mt 19,9; Mk 10,11ff; Lk 16,18). Wenn die Ehe als Stiftung Gottes eine lebenslange Bindung der Ehegatten aneinander darstellt, die erst mit dem Tode eines Gatten zu Ende geht, dann wird der Ausdruck »Ehebruch« an diesen Stellen verständlich. Derjenige, der nach seiner Scheidung zu Lebzeiten seines geschiedenen Ehegatten eine weitere Ehe eingeht, bricht damit die Ehekonzeption Gottes. Er mißachtet die Tatsache, daß vor Gott seine frühere Ehe weiterhin Bestand hat und solange fortdauert, bis einer der beiden Ehegatten stirbt.

6. Warum ist die Ehe unauflösbar?

Das strikte Festhalten Jesu am Stiftungscharakter der Ehe und an ihrer Unauflösbarkeit kann zunächst sehr rigoristisch und hartherzig erscheinen. Unvermittelt entstehen Fragen wie z.B. die folgenden: Ist Jesus so weltfremd, daß er sich nicht die Qualen einer nur noch haßerfüllten ehelichen Verbindung vorstellen kann? Berücksichtigt er nicht die Irrtumsfähigkeit des Menschen? Will er wirklich den Kindern eine lebenslange Schädigung ihres Vater- oder Mutterbildes zumuten, das durch langfristige eheliche Zerwürfnisse unweigerlich entsteht? Fordert er, selbst eine solche Ehe aufrechtzuerhalten, in welcher Ehebruch oder Schläge oder psychischer Terror an der Tagesordnung sind? Diese und ähnliche Fragen, besonders wenn sie aus der unmittelbar erlittenen Not heraus gestellt werden, müssen sehr ernstgenommen werden.

Eine Antwort darf sich nicht mit einem bloßen Verweis auf die entsprechenden Bibelstellen, in denen Jesus die Unauflöslichkeit der Ehe bezeugt, beschränken. Sie kann nur individuell und muß immer seelsorgerlich ausgerichtet sein. Dabei ist es allerdings wichtig, daß die Seelsorge aus der geistlichen Liebe Gottes heraus geübt wird. Diese Liebe sucht immer das Beste des anderen, und das Beste für uns Menschen ist immer die Geborgenheit in Zeit und Ewigkeit bei unserem Herrn und Heiland Jesus Christus. Für die Eheseelsorge und speziell für die Frage nach einer eventuellen Scheidung bedeutet dies, daß eine Antwort nicht im bloßen Zitieren der entsprechenden Bibelstellen steckenbleiben darf, sondern den geistlichen Sinn der Unauflöslichkeit der Ehe bezeugen sowie Mut zum Festhalten an der Ehe vermitteln muß.

Die ausführlichste Stelle in der Bibel, die sich mit der Scheidungsnot beschäftigt, finden wir beim Propheten Maleachi im 2. Kapitel. Dort ist geschildert, wie das Volk Israel vor Gott seufzt und über die unerhörten Gebete und Opfer klagt. In seiner Antwort auf die Frage Israels »Warum das?« spricht Gott die Scheidungspraxis an, die in Israel üblich geworden war. Diese Rede mündet ein in die ernste Warnung: »Darum so seht euch vor in eurem Geist, und werde keiner treulos dem Weib seiner Jugend. Wer ihr aber gram ist und sie verstößt, spricht der Herr, der Gott Israels, der bedeckt mit Frevel sein Kleid, spricht der Herr Zebaoth. Darum so seht euch vor in eurem Geist und brecht nicht die Treue!« (Mal 2,15ff)

Wir fragen noch einmal: Warum ist Gott so strikt gegen die Scheidung? Die Antwort kann nur in seiner Liebe gesucht werden. Weil Gott weiß, wie wichtig für uns Menschen, die wir in einer heimatlosen und vergänglichen Welt leben, die Elementarerfahrungen von Heimat, Geborgenheit und von Lieben und Geliebtwerden sind, hat er die Ehe als lebenslange Gemeinschaft eines Mannes mit seiner Frau eingesetzt und schützt nun diese seine eigene Stiftung mit dem denkbar stärksten Schutz, nämlich mit seinem Wort. Wenn Gott nicht die Ehe und ihre lebenslange Dauer mit seinem Wort schützte, wäre sie menschlicher Willkür total preisgegeben. Aber weil Gott weiß, wie dringend wir Menschen die Erfahrung des totalen Angenommenseins, der totalen Treue und des totalen Umsorgtseins brauchen, spricht er sich so deutlich gegen die Scheidung aus.

Im biblischen Scheidungsverbot dürfen wir keine Einengung menschlichen Lebens, sondern müssen im Gegenteil die Gewährleistung eines reichen und tiefen Lebens erblicken. Alles was Gott tut, dient letztlich seinem großen Ziel, uns Menschen so zu verändern, daß wir ein Ebenbild seiner Liebe werden. Er will uns das Beste gönnen, und deswegen verweigert er uns alle Wege, die ins Abseits führen und keine wirkliche Lebenserfüllung bringen. Die biblischen Aussagen über die Unauflöslichkeit der Ehe – im wesentlichen sind es Mal 2,14ff; Mt 19,6 (vgl. Mk 10,9); Röm 7,2; 1Kor 7,10ff und 1Kor 7,39 – erscheinen also nur bei oberflächlicher Betrachtung als hartherzig, bedrohlich und einengend. In Wirklichkeit stellen sie einen großartigen Schutz für die lebenslange Dauer der Ehe dar, und sie stabilisieren die Ehe als Schutzraum, in welchem Menschen die Erfahrung bedingungsloser Zuwendung machen dürfen.

7. Über den Umgang mit Ehekrisen

In seinen »Wahlverwandtschaften« (1809) spricht sich Goethe an einer Stelle über Ehe und Ehescheidung aus, die zu den schönsten Wertschätzungen der ehelichen Gemeinschaft in der deutschen Literatur zählt. Gleichzeitig vermittelt sie tiefe Einsichten in den Umgang mit Ehekrisen. Der Abschnitt lautet folgendermaßen:

»Die Ehe ist der Anfang und d[...] [...] macht den Rohen mild, und d[...] [...]ne bessere Gelegenheit, seine Milde [...]en. Unauflöslich muß sie sein; denn sie bringt so viel Glück, daß alles einzelne Unglück dagegen gar nicht zu rechnen ist. Und was will man vom Unglück reden? Ungeduld ist es, die den Menschen von Zeit zu Zeit anfällt, und dann beliebt er sich unglücklich zu finden. Lasse man den Augenblick vorübergehen, und man wird sich glücklich preisen, daß ein so lange Bestandenes noch besteht! Sich zu trennen, gibt's gar keinen hinlänglichen Grund. Der eheliche Zustand ist so hoch in Leiden und Freuden gesetzt, daß es gar nicht berechnet werden kann, was ein Paar Gatten einander schuldig werden. Es ist eine unendliche Schuld, die nur durch die Ewigkeit abgetragen werden kann. Unbequem mag es manchmal sein, das glaub' ich wohl, und das ist eben recht. Sind wir nicht auch mit dem Gewissen verheiratet, das wir oft gerne los sein möchten, weil es uns unbequemer ist, als uns je ein Mann oder eine Frau werden könnte?«

In der Tat, Ehekrisen müssen nicht vor dem Scheidungsrichter enden. Sie bergen die Gelegenheit in sich, über die Grundlagen der Ehe neu nachzudenken, in sich zu gehen, Gottes Hilfe zu erbitten, eigenes Versagen zu entdecken und jedenfalls einen Neuanfang zu wagen. Viele krisenanfällige Ehen schaffen heute offensichtlich den Aufblick zu den positiven Chancen einer Krise nicht mehr. Da es in unserer Gesellschaft kaum noch eine ermutigende Ehe-Vorbereitung durch Elternhaus oder Schule, geschweige denn eine entsprechende Schulung in Seminaren gibt und auch vorbildhafte Ehen weniger werden, wird schnell in der Scheidung ein Ausweg aus der Krise gesucht. Solche Ehen brauchen desto dringender die Hilfe von außen. Der priesterliche Gebetsdienst der Gemeinde für die angefochtenen Ehen, biblisch orientierende Gemeindeabende und Seminare, die Verbreitung geistlich aufbauender Eheliteratur und die persönliche Hilfe in Rat, Tat und Vorbild sind ein Gebot der Stunde.

Eine solche »konzertierte Aktion« von Hilfsmaßnahmen muß sich aber auf die biblische Ehelehre gründen. Gerade in Krisen braucht der Mensch neben mitleidender und mittragender Liebe auch eine klare und eindeutige Orientierung. Menschen in der Ehekrise brauchen das klare biblische Ja zum Vertrauen in Gottes Durchhilfe und das klare biblische Nein zur Scheidung. Wenn beides gleichzeitig gesagt wird, kann Hoffnung entstehen selbst in total festgefahrenen Situationen. Wenn aber die Scheidung der Ehe als Ausweg, wenn auch nur als letzter Ausweg aus der Ehekrise dargestellt wird, entsteht die Gefahr, daß die Krisenbewältigung nicht mehr mit letztem Ernst versucht wird.

In der Eheseelsorge begegnen uns aber auch immer wieder Situationen, die eine momentane Aufrechterhaltung der ehelichen Beziehung als unmöglich erscheinen lassen. Wenn ein Ehegatte den anderen andauernd demütigt, wenn Gewalt angedroht und ausgeübt wird, wenn ein Ehegatte den anderen zu Handlungen nötigt, die gegen Gottes Wort und Gebot und gegen das Gewissen stehen, oder wenn die eheliche Konfliktsituation den Kindern schwere psychische Schädigungen zufügt, dann ist oft eine zeitweilige Trennung unumgänglich. Diese sollte aber begleitet sein von der Fürbitte der Gemeinde, von der praktischen Hilfe anderer Christen, und sie sollte orientiert bleiben an der Zuversicht, daß die Krise mit Gottes Hilfe gemeistert werden kann. So gesehen, ist die zeitweilige Trennung das

Gegenteil von Scheidung. Sie hält am Bestand der Ehe fest und kämpft um deren Erneuerung.

8. Das biblische Scheidungsverbot

Wir wollen uns noch einmal den entscheidenden Aussagen des biblischen Offenbarungswortes zur Ehescheidung zuwenden und sie im Licht der Seelsorge Gottes an uns betrachten.

Das biblische Wort ist ein vom Heiligen Geist inspiriertes Wort, und es ergänzt sich, wenn man es in seiner Gesamtheit studiert, in einer einmaligen und beeindruckenden Weise. Dabei ist es wichtig, daß wir den richtigen Verständnisschlüssel finden. Die Reformatoren sprachen davon, daß sich die gesamte biblische Botschaft in einer doppelten, einander bedingenden Dimension erschließt, nämlich als Gesetz und als Evangelium. Wir könnten das gleiche mit einem anderen Wortpaar ausdrücken: In der Bibel begegnet uns immer Gottes Anspruch und Gottes Zuspruch. Der *Anspruch* will uns zeigen, daß wir ihm aus eigener Kraft nicht genügen können und auf Gottes Hilfe angewiesen sind. Im tiefsten will er uns unser Angewiesensein auf das Heil Gottes offenbaren. Der *Zuspruch* schenkt uns dieses Heil in der Person des Heilandes Jesus Christus, der durch den Heiligen Geist in uns Wohnung nimmt, wenn wir uns im Glauben dem Herrn anvertrauen.

Es ist sehr wichtig, daß wir in den Worten der Schrift über die Scheidung und auch über die Wiederheirat Geschiedener das Gesetz und das Evangelium richtig hören und beides nicht miteinander verwechseln und vermischen. Der Anspruch Gottes, die Ehe als unauflösbare Stiftung Gottes auch dann anzunehmen und durchzuhalten, wenn nach menschlichem Ermessen keine Hoffnung auf Rettung mehr gegeben ist, ja wenn der Ehegatte sich schon hat scheiden lassen und vielleicht sogar schon wiederverheiratet ist, ist unermeßlich groß. Er übersteigt menschliches Verstehen, menschliche Willenskraft und menschliches Vermögen. Dieser Anspruch ist so gewaltig, daß er sogar zur Glaubensanfechtung werden kann: »Sollte Gott das wirklich gesagt haben?« Wir hören diesen Anspruch aber nicht richtig, wenn wir ihn im Blick auf unsere eigenen menschlichen Begrenztheiten ablehnen. Wir hören ihn erst dann richtig, wenn wir uns durch ihn zu Gott hinführen lassen und mit ihm in einer ernsten Stunde des Lebens ringen und ihn bitten: Herr, wenn du diesen Anspruch stellst, dann mußt du mir selbst helfen, ihn zu erfüllen.

Wenn diese Bewegung des Glaubens entsteht, dann ist der Weg zum Erfassen des Evangeliums nicht mehr weit. Das Evangelium leuchtet uns in der Zusage des Heilands auf, daß wir zu ihm kommen dürfen, wenn wir mühselig und beladen sind, und daß sein Joch sanft und seine Last leicht ist. Was Jesus von uns fordert, das tut er selber in uns und durch uns. Seine Gegenwart und seine Kraft helfen uns, eigene Begrenztheiten zu überspringen und das zu tun, was normalerweise als menschenunmöglich gilt. Wer diesen Glaubensblick findet, der darf sich glücklich preisen. Er hat einen zwar schmalen, aber in jedem Fall einen gesegneten Weg gefunden.

Mit diesem Verständnisschlüssel wollen wir das biblische Scheidungsverbot noch einmal hören. Ich beginne mit 1. Mose 2, Vers 18, wo Gott die Konzeption der Ehe als Kommunikations- und Hilfsgemeinschaft darlegt.

»Hilfe« kann die Frau ihrem Mann nur sein, und ich füge hinzu: Geborgenheit und Schutz kann der Mann seiner Frau nur vermitteln, wenn die Ehe lebenslang währt. Eine Ehe auf Zeit, eine Ehe ohne verbindliches Treueversprechen auf Lebenszeit ist keine Ehe. Wer diese göttliche Ehekonzeption richtig hört, der hört hinter dem Anspruch das Evangelium hindurch. Hilfe geben zu dürfen, so zu helfen, daß der andere zum Ebenbild Gottes heranwächst, das ist eine großartige Lebensaufgabe. Und sich helfen zu lassen, das Leben nicht allein meistern zu müssen, Rat, Korrektur, Trost und Zuwendung ein ganzes Leben lang empfangen zu dürfen, auch das tut der Seele wohl zu wissen; das ist für sie eine Wohltat Gottes, das ist Evangelium.

Auch das Scheidungsverbot in Maleachi 2,14–16 begegnet uns zunächst als drohendes Gesetz. Es deckt unsere Lieb- und Treulosigkeit auf und fordert uns zur Einkehr und Umkehr auf. Wenn wir aber weiterlesen, finden wir im 3. Kapitel ein köstliches Wort des Evangeliums. Dort heißt es in Vers 20: »Euch aber, die ihr meinen Namen fürchtet, soll aufgehen die Sonne der Gerechtigkeit und Heil unter ihren Flügeln.« Gott verheißt hier sein Heil denen, die seinen Namen und sein Wort fürchten und achten. Alle, die sich durch das biblische Scheidungsverbot auf den Weg zur Einkehr und Umkehr, auf den Weg des Gebets rufen lassen und sich neue Liebe und Treue für ihre Ehe erbitten, ist das Heil Gottes verheißen. Und dies dürfen wir sehr praktisch annehmen, nämlich als Erfahrung der heilenden Hand Gottes, der Verletzungen, Enttäuschungen und Haßgefühle heilt und Krisen überwinden hilft.

Nehmen wir ein drittes Wort, Matthäus 19,6: »Was Gott zusammengefügt hat, das soll der Mensch nicht scheiden.« Auch dieses Wort klingt zunächst nur als bedrohliche Forderung. Aber auch dieser Anspruch Gottes zieht uns zu ihm und zu seiner Verheißung. Im Vers vorher steht das alttestamentliche Zitat: »Darum wird ein Mensch Vater und Mutter verlassen und an seinem Weibe hangen, und werden die zwei ein Fleisch sein«. In der Bewegung des Glaubens wird uns dieses Wort zum Evangelium. Gott verheißt nämlich hier nichts anderes als die Erfahrung des tiefen und beglückenden Eins-Seins zweier Menschen, die Erfahrung echter, sich ergänzender Gemeinschaft bei aller Verschiedenheit der beiden, die Erfahrung des Füreinanderdaseins und des Einanderbrauchens. In Ehekrisen, die in die Scheidung hineinziehen wollen, blickt der Glaube zum Herrn auf und erbittet neu diese innige Gemeinschaft, die in der zerrütteten Ehe kaputtgegangen ist, aber vielleicht auch überhaupt noch nie erlebt worden ist. Was Gott verheißt, das will er auch tun. Er wartet aber auf unseren Glauben.

Und schließlich sehen wir uns noch das Scheidungsverbot an, wie es Paulus, unter Berufung auf den Herrn, im 1. Korintherbrief im 7. Kapitel formuliert. Dort heißt es: »Den Ehelichen aber gebiete nicht ich, sondern der Herr, daß die Frau sich nicht scheide von dem Manne – hat sie sich aber geschieden, soll sie ohne Ehe bleiben oder sich mit dem Manne versöhnen – und daß der Mann die Frau nicht von sich schicke« (Vers 10ff). Wir haben hier eine klare biblische Aussage, daß Jesus allen, die mit Ernst Christen sein wollen, die Scheidung verbietet. Auch dieses sehr grundsätzliche und kategorische Wort kann zunächst als unbarmherzige und einengende Verpflichtung erscheinen. Man kann die Jünger verstehen, die angesichts der Ehelehre Jesu zu ihm sagten: »Steht die Sache eines Mannes mit einer Frau so, dann ist es nicht gut, ehelich zu werden« (Mt

19,10). Aber auch hier ist das Evangelium nicht fern. Alles, was Jesus gebietet, will er selbst tun, wenn wir ihn darum bitten. Er ist kein neuer Gesetzgeber, der den Menschen neue Lasten auferlegen würde. Sondern er ist gekommen, um uns Leben und volle Genüge zu schenken (Joh 10,10). Der Auferstandene ist in der Lage, durch den Heiligen Geist bei allen, die Gemeinschaft mit ihm suchen, ein Leben im Kreuzeszeichen zu begründen. Das bedeutet, daß ich aus der Vertikalen leben darf, meine Kraft aus Gott schöpfe und in seiner Liebe ihm in meinem Leben die Ehre geben möchte, und daß ich gleichzeitig in der Horizontalen, in der Hinwendung zu meinem Nächsten die Liebe Gottes so einsetze, daß ich sein Bestes suche. So können die Gebote Jesu gehalten werden, denn er schenkt selber das Wollen und das Vollbringen. So empfängt eine krisengeschüttelte Ehe neue Kraft und Zuversicht. So wird aus dem Anspruch Gottes sein Zuspruch und aus Traurigkeit Freude.

9. Die sogenannte Unzuchtsklausel im Matthäusevangelium (Kap. 5,32 und 19,9)

Die Evangelisten Matthäus und Markus berichten übereinstimmend davon, daß Jesus auf seiner letzten Reise von Galiläa nach Jerusalem von den Pharisäern in ein Streitgespräch über die Frage der Ehescheidung verwickelt wurde (Mt 19,1–12; Mk 10,1–12). Ausdrücklich steht da, daß die Pharisäer ihn »versuchten« (Mt 19,3; Mk 10,2). Damit ist gemeint, daß sie versuchten, ihn zu einer Aussage zu provozieren, die entweder dem Hohen Rat in Jerusalem oder der staatlichen Führung eine Handhabe gegeben hätte, gegen Jesus direkt einzuschreiten. Die Pharisäer wählten den Zeitpunkt für dieses Streitgespräch geschickt. Die Evangelisten berichten, daß das Gespräch in Peräa stattfand. Dieses Gebiet war jüdisches Land jenseits des Jordans und stand unter der Verwaltung des Herodes Antipas. Er wird in Lukas 3,19 »Vierfürst« genannt. Er hatte von seinem Vater Herodes dem Großen Galiläa und Peräa geerbt. Herodes Antipas war zunächst mit der Tochter des nabatäischen Königs Aretas IV. verheiratet, ließ sich dann aber von ihr scheiden, um Herodias, die Frau seines Halbbruders Herodes Philippus zu heiraten. Diese Herodias kam aus der Blutsverwandtschaft der Herodes-Sippe: Sie war nämlich die Nichte ihres ersten und ihres zweiten Mannes. Damit hatten beide Halbbrüder nach dem jüdischen Gesetz Blutschande begangen, Herodes Antipas sogar in einem doppelten Sinn, weil er nicht nur seine Nichte, sondern auch die frühere Frau seines Halbbruders heiratete. Im jüdischen Gesetz sind derartige Ehen strikt verboten (3Mo 18). Sie werden dort als Schandtat bezeichnet, durch die Israel sich vor Gott unrein macht. Warnend weist Mose in diesem Zusammenhang im Auftrag Gottes auf das Schicksal der kanaanäischen Völker hin, die derartige Verwandtschaftsehen tolerierten. »Ihr sollt euch mit nichts dergleichen unrein machen; denn mit alledem haben sich die Völker unrein gemacht, die ich vor euch her vertreiben will. Das Land wurde dadurch unrein, und ich suchte seine Schuld an ihm heim, daß das Land seine Bewohner ausspie« (3Mo 18,24ff).

Hier finden wir den Grund für den Protest Johannes des Täufers, der den Mut hatte, zu Herodes Antipas zu sagen: »Es ist nicht recht, daß du sie hast« (Mt 14,4ff). Der Fürst verstieß gegen das Bundesgesetz Israels, und daß ihm das so unerschrocken jemand zu sagen wagte, schürte seine Absicht, Johannes zu töten (Mt 14,5). Und so bedurfte es nur noch eines äußeren Anlasses, daß aus diesen Haßgedanken der Mord wurde: die Köpfung des Täufers (Mt 14,6–12).

Jedermann in Galiläa und Peräa wußte von diesem Mord. Und so war es eine Situation von allerhöchster Brisanz, als die Pharisäer auf dem Territorium des Herodes Antipas Jesus in ein Streitgespräch über Ehe und Ehescheidung verwickelten. Ihre Hoffnung war zweifellos die, Jesus würde sich provozieren lassen, ein öffentliches Protestwort gegen die Ehe des Fürsten zu äußern. Dann hätten sie leichtes Spiel gehabt, die Häscher des Königs gegen Jesus in Bewegung zu setzen.

Man muß diese geschichtliche Situation im Auge behalten, wenn man den Bericht der beiden Evangelisten über dieses Streitgespräch richtig verstehen will. Da uns in diesem Abschnitt nur die sog. Unzuchtsklausel in Matthäus 19,9 (vgl. Mt 5,32) interessiert, können wir die Besprechung anderer Aspekte des Streitgesprächs im 11. Abschnitt vornehmen.

In Vers 9 faßt Jesus seine Weisung über die Scheidung folgendermaßen zusammen: »Ich aber sage euch: Wer sich von seiner Frau scheidet, außer bei Unzucht, und heiratet eine andere, der bricht die Ehe.«

Hier erheben sich nun einige Fragen. Was meint Jesus hier mit »Unzucht«? Warum erwähnt nur Matthäus diese Ausnahme? Welche Bedeutung hat diese Unzuchtsklausel für Christen heute?

Bis heute hat sich im Bereich der evangelischen Kirchen kein einheitliches Verständnis dieser beiden Stellen im Matthäusevangelium durchgesetzt. Auch im Bereich evangelikal orientierter Kreise gibt es recht unterschiedliche Auffassungen. Das beste ist, wir besprechen kurz die verschiedenen Auslegungen.

Unter Hinweis auf 5. Mose 24,1ff sind manche der Ansicht, mit Unzucht sei hier voreheliches sexuelles Fehlverhalten der Ehegattin gemeint. Nach dieser Auffassung würde Jesus die Ehescheidung erlauben, wenn nach der Hochzeit eine bislang verschwiegene Unzuchtssünde eines Ehegatten aufgedeckt wird. Von den Rabbinenschulen zur Zeit Jesu, die das öffentliche jüdische Leben wesentlich mitbestimmten, wurde die Scheidung bei erwiesener vorehelicher Untreue erlaubt. Für Christen, die durch den Glauben an Jesus Christus im neuen Äon leben dürfen, kann diese Praxis allerdings keine Richtschnur mehr sein. Sie stehen in der Erfahrung der Sündenvergebung, die sie von Christus empfangen haben, und sie wissen sich aufgerufen, diese Vergebung uneingeschränkt weiterzugeben. Verschwiegene voreheliche Unzuchtssünden sind zwar ein schwerwiegender Vertrauensbruch, aber auch sie stehen unter dem Gebot der Sündenvergebung (Mt 18,21ff).

Die andere Auslegungstradition, die sich seit Erasmus und der Reformation im Bereich des Protestantismus weitgehend durchgesetzt hat, versteht unter Unzucht an diesen beiden Stellen außerehelichen Intimverkehr des Ehegatten, also Ehebruch. Auch diese Auffassung vermag nicht zu überzeugen. Abgesehen davon, daß selbst eine solche schwerwiegende Eheverfehlung, wie sie ein Ehebruch darstellt, dennoch unter dem grundsätzlichen Vergebungsgebot steht, muß man vor allen Dingen darauf verweisen, daß Matthäus zur Kennzeichnung von »Ehebruch« einen eigenen Begriff verwendet (Mt 15,19). In diesem Zusammenhang ist schließlich auch auf eine prophetische Zeichenhandlung zu verweisen, zu welcher Gott den Propheten Hosea nötigt. Er soll seine ehebrecherische Frau, die ihn verlassen und sich einem anderen Mann angeschlossen hat, erneut aufnehmen (Hosea 3). Auch Jeremia 3 bezeugt an Gottes eigener Handlungsweise gegenüber Israel, daß er bereit ist, den geistlichen Ehebruch seines Volkes zu vergeben. So scheidet auch »Ehebruch« als Auslegung für die Unzuchtsklausel aus.

Eine dritte Möglichkeit eröffnet sich, wenn wir die ebengenannten geschichtlichen Umstände ins Auge fassen. Jesus wollte offensichtlich mit der Ausnahmeformulierung »außer bei Unzucht« eine Stellungnahme zur Unzuchtsehe des Herodes Antipas abgeben. Mit einem strikten Scheidungsverbot hätte er praktisch diese Ehe legitimiert. Aber mit der Ausnahmeformulierung drückt er seine Ablehnung dieser Unzuchtsehe und einer blutschänderischen Ehe überhaupt aus. Ein Paar, das in einer solchen nach dem jüdischen Gesetz blutschänderischen Verbindung lebte, stand also nach Jesu Wort nicht unter dem Scheidungsverbot. Wenn es seine Unzuchtsehe auflöste und die beiden dann ein normales eheliches Verhältnis mit einem anderen Gatten begründeten, dann begingen sie keinen Ehebruch.

Diese Auslegung wird gestützt durch den Gebrauch des Begriffs »Unzucht« in Apostelgeschichte 15. Dort steht der Bericht über das Apostelkonzil in Jerusalem, wo sich die versammelten Apostel und Ältesten über die Grundsätze der Mission unter den Heiden verständigten. Um die Missionsarbeit nicht zu gefährden und das Miteinander von Judenchristen und Heidenchristen in einer Gemeinde zu gewährleisten, einigte sich die Versammlung darauf, daß alle Christen, gleichgültig welcher Herkunft sie waren, auf

die Einhaltung des Grundsatzes verpflichtet werden sollten, sich der Götzenopfer, des Blutgenusses, des »Erstick-
ten« und der Unzucht zu enthalten. Ganz offensichtlich
wird hier an das alttestamentliche Gesetz angeknüpft, das
genau diese vierfache Enthaltung vorschrieb (3Mo 17,8–
14; 18,6–18). Mit »Unzucht« waren hier also offensichtlich
die blutschänderischen Ehen gemeint.

Nun wird es auch klar, warum nur Matthäus diese Un-
zuchtsklauseln aufgenommen hat, während Markus und
Lukas sie weglassen. Matthäus schreibt an Leser, die das
jüdische Gesetz kannten, während die beiden anderen
Evangelisten ihre Leserschaft in der römischen und griechischen Welt hatten. Ein Leser, der in der Tradition des jüdischen Gesetzes stand, mußte eine Antwort auf die Frage
bekommen, was Jesus zu den damals im Judentum heftig
diskutierten Unzuchtsehen in den Herrscherhäusern sagte.
Für Leser aus dem römischen und griechischen Kulturkreis
war diese spezielle Frage ohne Belang. Hier waren blutschänderische Ehen grundsätzlich verpönt (vgl. 1Kor 5,1).

Damit wird deutlich, daß die Unzuchtsklausel im Matthäusevangelium heute nicht als Ausnahmegenehmigung
für eine Ehescheidung gelten kann. Blutschänderische
Ehen sind heute schon kraft des bürgerlichen Gesetzes
nicht erlaubt.

10. Das sogenannte »Privilegium Paulinum« (1Kor 7,15)

Wir wenden uns nun einer nicht minder stark umstritte-
nen Stelle in den Paulusbriefen zu. Die Aussage des Apostels lautet: »Wenn aber der Ungläubige sich scheiden will,

so laß ihn sich scheiden. Es ist der Bruder oder die Schwester nicht sklavisch verpflichtet in diesen Fällen. Zum Frieden hat euch Gott berufen.« Im Bereich des Protestantismus wird diese Stelle seit der Reformationszeit als Begründung für eine Scheidung im Falle des sog. böswilligen Verlassens angesehen. Dies bedeutet, daß eine Scheidung ausgesprochen werden kann, wenn ein Ehegatte sich aus allen ehelichen Verpflichtungen und Verantwortungen böswillig zurückzieht.

Auch hier müssen wir genau prüfen, was der Apostel meint. Er spricht den Fall an, daß in einer heidnischen Ehe ein Ehegatte zum christlichen Glauben findet und der andere dann deswegen die Ehe nicht mehr aufrechterhalten will. In einer solchen Situation ist nach der Überzeugung des Apostels der gläubige Teil nicht sklavisch an die Weiterführung der ehelichen Gemeinschaft gebunden. Der Gläubige soll sich in einer solchen Situation nicht unter einen falschen Gewissensdruck setzen. Er soll nicht denken, daß er aufgrund des Scheidungsverbotes Jesu gezwungen wäre, die eheliche Gemeinschaft mit dem ungläubigen Teil fortzusetzen. Und er soll auch nicht meinen, der andere könne nur bei einer Fortsetzung der Gemeinschaft für den Glauben gewonnen werden. Da würde sich der gläubige Teil viel zu wichtig nehmen. »Denn was weißt du, Frau, ob du den Mann erretten kannst? Oder du, Mann, was weißt du, ob du die Frau erretten kannst?« (1Kor 7,16)

Den Fall, daß der christliche Teil sich vom ungläubigen Teil zurückziehen und sich von ihm scheiden lassen will, bespricht Paulus nicht. Der Christ ist grundsätzlich in der Ehe seinem Ehegatten auf Lebenszeit verbunden. Er darf die Scheidung nicht wünschen. Dies führt der Apostel ausdrücklich in der schon besprochenen Stelle 1. Korinther 7,10ff aus.

Nun entsteht natürlich die Frage, wie sich der Christ verhalten soll, wenn der ungläubige Teil die eheliche Verbindung auflöst und sich scheiden läßt. Ist er dann weiterhin an ihn »gebunden«? Nach Römer 7,2 und 1. Korinther 7,39 ist dies der Fall. Eine Ehe ist in Gottes Augen erst beim Tod eines Ehegatten beendet. Solange besteht die »Bindung«. Und sie kann auch nicht durch die erfolgte Scheidung des ungläubigen Ehegatten aufgelöst werden. Die Übersetzung von 1. Korinther 7,15: »Es ist der Bruder oder die Schwester nicht gebunden in solchen Fällen« ist mißverständlich. Im griechischen Text ist hier, wie gesagt, nicht vom »Gebundensein« die Rede (wie in Röm 7,2 und 1Kor 7,39), sondern von einem sklavischen Verpflichtetsein, die eheliche Gemeinschaft aufrechtzuerhalten.

Der Christ, der sich der biblischen Sicht von der Ehe als unauflöslicher Stiftung Gottes verpflichtet weiß, darf sich also auch in einer solchen – menschlich gesehen – notvollen Lage, wenn der ungläubige Teil sich von ihm hat scheiden lassen, diesem auch weiterhin in der Ehe vor Gott verbunden wissen. Er darf Gott zutrauen, daß der geschiedene Ehegatte zum Glauben findet, und er wird für ihn in treuer Fürbitte einstehen. Auch dann, wenn der andere eine weitere Ehe eingeht, wird er im Gebet weiter an ihn denken und sich an ihn vor Gott bleibend gebunden wissen. Deswegen wird er eine eigene Wiederheirat ausschließen, solange der geschiedene (und wiederverheiratete) Ehegatte am Leben ist.

11. Der Scheidebrief im alten Israel

Wir wenden uns nun noch einmal dem Streitgespräch der Pharisäer mit Jesus zu, wie es in Matthäus 19,1–12 und Markus 10,1–12 überliefert ist. Wie schon erwähnt, handelt es sich bei diesem Gespräch nicht etwa um ein Lehrgespräch, durch das die Pharisäer in ihrer biblischen Erkenntnis gefördert werden wollten. Ihre grundsätzliche Meinung zur Ehescheidung stand ja fest. Unter Berufung auf 5. Mose 24,1–4 erlaubten sie die Scheidung der Ehe durch den Mann, wenn dieser »etwas Schändliches« an seiner Frau fand. Unterschiedlicher Auffassung waren sie lediglich darin, was dieses »Schändliche« denn sei. Die Antwort reichte – je nach Rabbinenschule – von sexuellem Vergehen der Frau bis zur angebrannten Suppe.

Wir haben hier kein Lehrgespräch vor uns, sondern eine Art Verhör, das für die Pharisäer nur das eine Ziel hatte, Anklagepunkte gegen Jesus zu finden. Deswegen bemerken die beiden Evangelisten, daß die Pharisäer Jesus »versuchten«. Hier ging es um Leben und Tod. Würde Jesus ihnen in seiner Antwort eine Handhabe dafür liefern, ihn entweder beim Hohen Rat oder bei Herodes Antipas zu verklagen? Das war die entscheidende Frage.

Nach dem Bericht der Evangelisten war das ganze Streitgespräch von Anfang bis Ende von der Gegensätzlichkeit der beiden Auffassungen geprägt. Während die Pharisäer Jesus in ihren Streit um eventuelle Scheidungsgründe verwickeln wollen, bestreitet er grundsätzlich das Recht zur Scheidung. Während sie sich auf das angebliche Zugeständnis Moses zur Scheidung in 5. Mose 24,1–4 beziehen, spricht er unter Berufung auf 1. Mose 2,24 von der von Gott gewollten Unauflöslichkeit der Ehe. Schließlich kehrt Jesus zur Ausgangsfrage der Pharisäer zurück, nämlich aufgrund welcher Ursache man sich scheiden lassen dürfe, und beantwortet sie damit, daß die Ehe nur aus einem einzigen Grund geschieden werden darf, wenn »Unzucht«, also eine blutschänderische Verwandtschaftsbeziehung vorliegt.

Uns interessiert jetzt besonders die Antwort des Herrn auf die Scheidebrief-Gesetzgebung des Mose. Um sie richtig verstehen zu können, müssen wir uns kurz in die damalige geschichtliche Situation des Volkes Gottes zurückversetzen. Israel hatte in eigenmächtiger Weise, so wie es in den anderen Völkern seiner Umgebung auch üblich war, die Ehescheidung eingeführt. Der Mann konnte seine Frau willkürlich entlassen und sie nach ihrer zweiten Ehe, nachdem ihr zweiter Mann verstorben war, wieder aufnehmen. Mose ordnete in seiner Gesetzgebung an, daß eine zum zweiten Mal verheiratete Frau nach dem Tod des zweiten Mannes nicht wieder zu ihrem ersten Mann zurückkehren durfte (5Mo 24,4). Zur Begründung führte Mose aus, daß die Frau durch ihre zweite Ehe »unrein« geworden sei. Mit dieser Maßnahme (Verbot der Rückkehr zum ersten Mann) und dieser Kennzeichnung (»unrein«) der zu Lebzeiten ihres ersten Mannes wiederverheirateten Frau war dem Mann eine Warnung vor der Scheidung gegeben und gleichzeitig eine Gewissenslast für den Fall der Scheidung auferlegt. Die Warnung bestand darin, daß er die entlassene Frau, nachdem sie ein zweites Mal geheiratet hatte, niemals wieder zu sich aufnehmen konnte. Die Gewissenslast bestand darin, daß er sich an seiner geschiedenen Frau schuldig machte, wenn sie wieder heiratete, weil sie dann vor Gott unrein wurde.

Zusammenfassend läßt sich sagen, daß die mosaische

Scheidebrief-Gesetzgebung in 5. Mose 24,1–4 zwar kein generelles Scheidungsverbot ausspricht, aber der Scheidung vorbeugen und sie erschweren sollte.

Wie beurteilt nun Jesus diese Anordnung Moses? Zu den Pharisäern gewandt, führt er aus, daß sie gegeben worden sei »im Blick auf eure Herzenshärtigkeit«. Das bedeutet, weil Israel ein geistlich verstocktes und für Gottes Willen blindes Volk war, konnte Mose seiner Gesetzgebung die Ehekonzeption Gottes als unauflöslicher Stiftung nicht zugrunde legen. Israel war nicht empfänglich dafür.

Damit ist klar, daß der Scheidebrief im alten Israel heute keine Legitimation für eine Scheidung sein kann. Der neue Bund, den Christus gegründet hat, ist dadurch gekennzeichnet, daß das steinerne Herz weggenommen und ein fleischernes Herz geschenkt wird (Hes 11,19). Im neuen Äon kann Herzenshärtigkeit keine Begründung für eine Scheidung sein, denn dazu ist ja Christus gekommen, um uns davon zu erlösen. Es hieße ihn und seine schöpferische und umgestaltende Kraft verleugnen, wenn man sich jetzt noch auf die eigene Herzenshärtigkeit berufen wollte.

12. Die Wiederheirat Geschiedener und die Heirat eines geschiedenen Mannes bzw. einer geschiedenen Frau

Zur Beantwortung dieser persönlich oft so notvollen Fragen, ob geschiedene Christen ein weiteres Mal und ob ein Christ bzw. eine Christin eine geschiedene Frau bzw. einen geschiedenen Mann heiraten sollten, ist das eigene Eheleitbild maßgeblich. Wer die biblische Sicht der Ehe als auf Lebensdauer angelegte Stiftung Gottes teilt, wird zu anderen Konsequenzen kommen, als jemand, der die Ehe als Vertragswerk zwischen Menschen versteht.

Aufgrund der biblischen Lehre von der Unauflösbarkeit der Ehe kann es auf die gestellten Fragen nur die eindeutige Antwort geben, daß es für einen Christen, der sich dem biblischen Offenbarungswort gegenüber verpflichtet sieht, keine Möglichkeit gibt, als Geschiedener ein weiteres Mal zu heiraten, solange der geschiedene Ehegatte am Leben ist, oder als Ledige bzw. als Lediger einen geschiedenen Mann bzw. eine geschiedene Frau zu heiraten. Die Unauflöslichkeit der Ehe vor Gott bezeugt Jesus in dem Satz: »Was Gott zusammengefügt hat, das soll der Mensch nicht scheiden« (Mt 19,6; Mk 10,9). Paulus spricht davon, daß die Ehegatten vor Gott so lange aneinander gebunden sind, bis einer von beiden stirbt (Röm 7,2ff; 1Kor 7,39). In 1. Korinther 7,10ff ordnet Paulus unter Berufung auf ein Herrenwort an, daß der Geschiedene entweder ohne Ehe bleiben oder sich mit dem geschiedenen Ehegatten wieder aussöhnen soll. Damit ist eine weitere Heirat nach der Scheidung für einen Christen ausgeschlossen.

Zunächst klingt es verwunderlich, wenn es an vier Stellen in den Evangelien heißt, daß ein Geschiedener, der ein weiteres Mal heiratet, die Ehe bricht (Mt 5,32; 19,9; Mk 10,11ff; Lk 16,18). Diese Aussage wird aber auf dem Hintergrund der Lehre von der Unauflöslichkeit der Ehe verständlich. Wenn die Ehe als Stiftung Gottes trotz erfolgter Scheidung vor Gott weiterbesteht, dann bricht eine weitere Heirat des geschiedenen Teils zu Lebzeiten seines geschiedenen Ehegatten diese Ehe, und das nennt Jesus »Ehebruch«.

Das gleiche gilt dann, wenn ein Lediger oder eine Ledige eine geschiedene Frau bzw. einen geschiedenen Mann heiratet. Auch hier wird durch eine solche Heirat eine vor Gott weiterbestehende Ehe gebrochen, auch hier geschieht deswegen »Ehebruch«.

Oft wird geschiedenen Christen der seelsorgerliche Rat erteilt, die eigene Schuld an der Scheidung vor Gott zu bekennen und die Sündenvergebung in Anspruch zu nehmen, damit ein neuer Anfang, d.h. eine weitere Heirat unter den Segen Gottes gestellt werden kann. Der seelsorgerliche Rat, die eigene Schuld an der Scheidung in Christi Vergebung zu legen, ist nach erfolgter Scheidung in der Tat dringend geboten. Die volle Vergebung des Herrn darf diesen Christen zugesprochen werden, wenn sie ihre Schuld bereuen und bekennen. Den Weg zu einer Wiederheirat wird allerdings ein Seelsorger, der sich der biblischen Sicht von der Unauflösbarkeit der Ehe verpflichtet weiß, nicht eröffnen können. Es gibt im Neuen Testament keinen Hinweis darauf, daß eine Ehe, die ordnungsgemäß begründet wurde, also mit dem öffentlichen, gegenseitigen und auf Lebenszeit gegebenen Treueversprechen, wieder aufgehoben werden könnte.

Sie bleibt vor Gott bestehen, die beiden bleiben vor Gott aneinander gebunden, und sie fallen deswegen vor Gott in Ehebruch, wenn sie nach einer Scheidung ein weiteres Mal heiraten, solange ihr geschiedener Ehegatte lebt. Deswegen vermag auch Beichte und Schuldvergebung die einmal geschlossene Ehe nicht aufzuheben. Vielmehr sollte in der Seelsorge nach Beichte und Vergebung ein Weg gesucht werden, wie ihn Paulus in 1. Korinther 7,10ff vorzeichnet. Dies bedeutet, daß über beide dort eröffneten Möglichkeiten intensiv gesprochen und gebetet werden müßte, nämlich über den Weg künftiger Ehelosigkeit und über den Weg eventueller Wiederaussöhnung. Beide sind gangbar, und wer einen von ihnen geht, darf sich der Hilfe des Herrn gewiß sein, denn es handelt sich ja hier, wie gesagt, um ein Gebot des Herrn selbst (1Kor 7,10). Eine zunächst verbaut erscheinende Lebenszukunft kann sich mit Gottes Hilfe wunderbar verändern, wenn jemand bewußt zu Gehorsamsschritten bereit ist, die ihm das biblische Wort abverlangt. Wer in der inneren Bindung an die Unauflöslichkeit der Ehe als Geschiedener die beiden von Paulus gewiesenen Wege ernstnimmt und den Gedanken an eine Wiederheirat zu Lebzeiten seines Ehegatten bewußt aufgibt, der darf sich der besonderen Durchhilfe und Fürsorge Gottes gewiß sein. Gott hat Mittel und Wege, einen solchen Glaubensgehorsam besonders zu segnen. Er kann auch Menschen bereit machen, die in diesen schwierigen Lebenslagen mit Rat und Tat Hilfe leisten.

13. Der Dienst Geschiedener und Wiederverheirateter in der Gemeinde

Am Ende des Buchs Josua im 24. Kapitel gibt es eine Aussage, welche die Vorbildfunktion der Gemeindeleiter bzw. Gemeindeältesten und die damit verbundene Verantwortung anschaulich beschreibt. Es heißt dort: »Israel diente dem Herrn, solange Josua lebte und die Ältesten, die noch lange Zeit nach Josua lebten und alle Werke des Herrn kannten, die er an Israel getan hatte« (Jos 24,31). Wenn Gemeindeleiter und Älteste geistlich vorbildlich leben, wenn sie die Werke Gottes in ihrem eigenen Leben kennengelernt haben und bezeugen können, dann geht es einer Gemeinde geistlich gut, und sie richtet sich aus am Dienst für den Herrn. Der Dienst der Gemeindeleiter und

Ältesten behält auch im Neuen Testament eine besondere Verantwortung und Würde. Nach Epheser 4,11ff hat Christus die gemeindeleitenden Dienste selbst eingesetzt, und zwar deswegen, damit die Gemeinde geistlich erbaut wird und Christus immer völliger in ihr Gestalt gewinnt.

Es liegt an dieser Verantwortung und Vorbildfunktion der Leiter und Ältesten, daß in den drei Pastoralbriefen (1. und 2. Timotheusbrief und Titusbrief) an sie hohe Anforderungen gestellt werden. Dreimal wird in diesen Briefen neben vielen anderen Voraussetzungen die Forderung erhoben, daß ein Gemeindeleiter bzw. ein Ältester nicht geschieden und wiederverheiratet sein darf. Er soll »eines Weibes Mann« sein (1Tim 3,2; 3,12; Tit 1,6). Da einem Christen Scheidung und Wiederheirat zu Lebzeiten des geschiedenen Ehegatten ohnehin nicht erlaubt sind, kann diese Forderung nur bedeuten, daß ein Gemeindeleiter bzw. Ältester auch in der Zeit, bevor er Christ wurde, keine Scheidung und Wiederheirat vollzogen haben soll.

Der Sinn dieser Bestimmung ist offenkundig. Der Gemeinde soll durch ihre Leiter und Ältesten die Ehe als unauflösliche Stiftung Gottes vorgelebt werden. Ein Gemeindeleiter bzw. ein Ältester, der nach einer Scheidung ein weiteres Mal geheiratet hat zu Lebzeiten des geschiedenen Ehegatten, kann mit seinem Leben kein Zeugnis mehr für das biblische Eheleitbild sein. Deswegen gebietet Paulus seinen Mitarbeitern, Geschiedene und Wiederverheiratete nicht in Leitungsaufgaben zu berufen.

Die früher in vielen Kirchen und auch heute noch teilweise in Geltung stehende Regel, daß ein Pfarrer oder ein Gemeindeältester, der sich scheiden ließ und ein weiteres Mal zu Lebzeiten des geschiedenen Ehegatten heiratete, keinen gemeindeleitenden Dienst mehr versehen konnte, hatte und hat ihren guten Sinn. Die Gemeinde ist, wenn sie zu Christus und zum Glaubensgehorsam heranwachsen soll, auf vorbildliche Gemeindeleiter angewiesen. Dazu gehört unbedingt eine vorbildliche Auffassung von der Ehe und eine vorbildliche Führung der Ehe. Wie es im alten Bund den Priestern verwehrt war, eine geschiedene Frau zu heiraten (3Mo 21,7), so braucht auch die neutestamentliche Gemeinde Gemeindeleiter, die »eines Weibes Mann« sind.

14. Seelsorgerliche Einzelfragen

In diesem Schlußabschnitt wende ich mich noch einigen Fragen zu, die dem Seelsorger immer wieder begegnen. Selbstverständlich stellen sie nur eine Auswahl dar. Manche Fragen zum Themenbereich Ehescheidung und Wiederheirat Geschiedener sind so speziell, daß sie nicht in eine Abhandlung gehören, die dem Überblick und der grundsätzlichen Orientierung gewidmet ist. Ich bin allerdings davon überzeugt, daß sich viele Einzelfragen auf der Grundlage der biblischen Lehre für denjenigen bald klären lassen, der mit einem demütigen Herzen und unter Gebet in der Schrift forscht. Die formulierten Antworten sollen Richtlinien sein, die im Einzelfall noch der Konkretisierung bedürfen.

a) Bin ich vor Gott mit dem Menschen verheiratet, mit dem ich vor meiner Ehe den ersten Intimverkehr hatte?
   Antwort: Vorehelicher Intimverkehr ist Unzucht, also Schuld vor Gott. Sie gehört in die Beichte und kann vergeben werden. Vorehelicher Intimverkehr begründet keine Ehe.

b) Darf ich meine Ehe auflösen, wenn mir klar wird, daß ich meinen Ehegatten eigenmächtig und ohne Gott zu fragen gesucht habe?

Antwort: Gott ist ein schöpferischer Gott, der dem, was nicht ist, ruft, daß es sei (Röm 4,17). Mein Ehegatte, dem ich öffentlich meine lebenslange Treue versprochen habe, ist und bleibt vor Gott mein Ehegatte. Gott ist in der Lage, meine früheren Fehler mir zum Segen umzuwandeln und aus dem Ehegatten, den ich eigenmächtig gesucht habe, den für mich passenden zu erschaffen.

c) Was soll ich tun, wenn ich als geschiedener Mann oder als geschiedene Frau ein weiteres Mal zu Lebzeiten meines geschiedenen Ehegatten geheiratet habe, bzw. wenn ich als lediger Mann oder als ledige Frau eine geschiedene Frau bzw. einen geschiedenen Mann geheiratet habe, und wenn mir während meiner jetzigen Ehe mein Gewissen wegen dieses Schrittes unruhig wird?

Antwort: Wenn das Gewissen durch das Wort Gottes unruhig geworden ist, dann muß ein Weg gesucht werden, der den Frieden Gottes verheißt. Dieser Weg ist nur in persönlicher Hingabe an Gott und im Gebet zu finden. Wo eigene Entscheidungen als Schuld erkannt werden, dürfen sie vor Gott bekannt und in die Vergebung Gottes gelegt werden. Die Last der falschen Entscheidung, die mir durch das Gewissen auferlegt wird, bleibt allerdings auch nach der Vergebung bestehen. Aber auch hier gilt Psalm 68,20: »Gott legt eine Last auf, aber er hilft auch.«

Die Frage, ob die neugeschlossene Ehe wieder aufgelöst werden sollte, muß auf dem Hintergrund des biblischen Scheidungsverbotes verneint werden. Wenn das

Gewissen beider Eheleute den leiblichen Vollzug der neugeschlossenen Ehe nicht gutheißt, dann dürfen beide um die Hilfe Gottes bitten, fortan ohne Intimverkehr zusammenzuleben.

d) Wie wirkt sich das »Ein-Fleisch-Sein« der vorigen Ehe auf das eheliche Miteinander von Wiederverheirateten aus?

Antwort: Jede rechtmäßig geschlossene Ehe verbindet die beiden Ehegatten ganzheitlich, also leiblich, seelisch und geistig miteinander. Damit werden beide ein Teil der Persönlichkeit des anderen. Dieser von Gott gewirkte Vorgang des Ein-Fleisch-Seins (1Mo 2,24) läßt sich nicht rückgängig machen. Ein Geschiedener bzw. Verwitweter trägt also in seiner Persönlichkeit sein ganzes Leben lang Merkmale des geschiedenen bzw. verstorbenen Ehegatten mit sich. Aus dieser Tatsache ergeben sich im Vollzug der neuen Ehe Spannungsfelder, deren Belastungsgrad nicht unterschätzt werden darf.

e) Lebe ich, wenn ich nach der Scheidung zu Lebzeiten des geschiedenen Ehegatten ein weiteres Mal geheiratet habe, bzw. wenn ich als lediger Mann oder als ledige Frau eine geschiedene Frau bzw. einen geschiedenen Mann geheiratet habe, im Zustand des Ehebruchs?

Antwort: Nach Jesu Wort bricht eine solche Ehe das biblische Prinzip der Unauflöslichkeit der Ehe und ist insofern »Ehebruch«. Sie vermag nicht mehr zeugnis- und vorbildhaft auf das biblische Ehebild hinzuweisen.

f) Soll ich als Christ in die Scheidung einwilligen, die mein Ehegatte begehrt bzw. vollzieht?

Antwort: Ein Christ, der sich der biblischen Sicht von der Unauflöslichkeit der Ehe verpflichtet weiß, wird sich auch nach der von seinem Ehegatten betriebenen Scheidung mit diesem in der Ehe vor Gott weiterhin verbunden wissen. Für ihn ist die ihm aufgenötigte Scheidung lediglich eine Trennung. Wenn von ihm eine Einwilligung in die Scheidung verlangt wird, sollte er als ein Zeugnis für seinen Herrn erklären, daß die Scheidung für ihn keine Beendigung der Ehe vor Gott bedeutet, und er sollte dafür Sorge tragen, daß seine Freigabe des anderen nicht als Zustimmung zur Scheidung mißverstanden wird.

g) Wie ist die Wiederheirat eines/einer Geschiedenen zu bewerten, der/die nach der Scheidung zum Glauben gefunden hat und nach Beichte und Vergebungszuspruch einen Christen bzw. eine Christin geheiratet hat?

Antwort: Der Zuspruch der Vergebung eröffnet ein neues Leben in der Gemeinschaft mit Christus und im Gehorsam gegenüber seinem Wort. Er löscht aber nicht die vorherige Ehe aus. Eine weitere Ehe zu Lebzeiten des geschiedenen Ehegatten gefährdet in jedem Fall das biblische Leitbild von der Unauflöslichkeit der Ehe, also auch im genannten Fall und steht deswegen unter der Kennzeichnung des »Ehebruchs«. Diese Last muß von beiden Ehegatten getragen werden. Die Glaubensgemeinschaft mit Christus schenkt die Kraft dazu.

Michael Dieterich

III. Trennung, Ehescheidung, Wiederheirat aus der Sicht der biblisch-therapeutischen Seelsorge

Vorbemerkungen

Ich habe die beiden theologisch orientierten Beiträge gründlich gelesen und sehr viel dazugelernt. Wenn zwei erfahrene Bibelkenner über ein so wichtiges Thema reden, kann man vor diesem Hintergrund als »Laie« nichts Wesentliches mehr beitragen. Jedoch geht es vielen christlich orientierten Seelsorgern und Therapeuten sicherlich ähnlich: Wir sind in der seelsorgerlichen Praxis zur *persönlichen* Stellungnahme aufgefordert. Und sehr schnell merken wir dann, daß zwischen dem, was an theologisch Grundlegendem erarbeitet wurde und den in jedem Einzelfall andersartigen Konstellationen der Probleme in der Ehe oftmals eine große Spannung besteht. Deutlich wird weiterhin, daß bei uns allen – auch wenn wir uns im christlichen Glauben einig wissen, ja sogar miteinander die »Fahne der Evangelikalen« tragen – unsere Lebenserfahrungen maßgeblich einfließen. D.h., daß unsere *Persönlichkeit* womöglich weitaus mehr unsere Sicht und Verkündigung prägt, als wir dies gemeinhin annehmen. Dies scheint mir auch einer der wesentlichen Unterschiede der beiden Aufsätze zu sein: Hier haben zwei Theologen mit deutlich verschiedenem Zuschnitt ihrer Persönlichkeit geschrieben. So gesehen wird es einfach, zu der weiter unten angegebenen Lösung zu kommen, daß *beide recht haben*, weil sie die Buntheit der Gemeinde Jesu durch ihre Verschiedenartigkeit repräsentieren.

Ich möchte im ersten Teil meines Beitrages versuchen, in aller Kürze die für mich wesentlichen Unterschiede der theologischen Aufsätze herauszuarbeiten. Danach soll der eben angedeutete Lösungsweg zur Akzeptanz der unterschiedlichen Ergebnisse genauer beschrieben und daran anschließend praktische Hilfestellungen zur Verbesserung der Kommunikation in der Ehe gegeben werden. Abschließend wird mein vorgeschlagener Weg anhand von zwei Beispielen aufgezeigt.

1. Scheidung und Wiederheirat: Ja oder Nein?

Die Autoren der vorangestellten Beiträge haben sich nicht gescheut, ihre biblischen Erkenntnisse klar und eindeutig wiederzugeben. In einer Zeit der wachsweichen Äußerungen ist dies allein gesehen schon ein großes Verdienst des Buches.

Daß in beiden Beiträgen ernsthaft theologisch gerungen wurde, ist dem Leser nach dem Durcharbeiten einsichtig. Auch daß in vielen Fragen Einheit herrscht, wird er schnell bemerken. Aber es gibt dann doch den Unterschied zwischen dem eindeutigen »Nein« bei Joachim Cochlovius und der differenzierten Sicht Hansjörg und Rosemarie Bräumers.

Man merkt, daß es Cochlovius in Anbetracht der vielen Nöte, die er aus seiner Seelsorgepraxis kennt, nicht leicht gefallen ist, zu einer so eindeutigen Aussage zu kommen, und er sieht auch als erfahrener Praktiker Situationen, die eine momentane Aufrechterhaltung der ehelichen Beziehung als unmöglich erscheinen lassen. Die Antwort auf die Frage nach Scheidung und Wiederheirat darf sich seines Erachtens auch nicht auf den bloßen Verweis entsprechender Bibelstellen beschränken: Das einfühlsame seelsorgerliche Gespräch ist auf alle Fälle vonnöten.

Der von ihm vorgeschlagene biblische Weg führt, versucht man ihn in einem Satz zusammenzufassen, dahin, daß *derjenige, der den Gedanken einer Wiederheirat zu Lebzeiten des Ehegatten bewußt aufgibt, der besonderen Durchhilfe und Fürsorge Gottes gewiß sein darf und daß Gott Mittel und Wege hat, einen solchen Glaubensgehorsam besonders zu segnen.*

Einige seiner Antworten auf Fragen im Schlußteil klingen für mich sehr theoretisch. Ich bin besorgt, diese Ausführungen könnten womöglich dazu führen, daß Christen nach einer Trennung zwar nicht mehr heiraten, dafür aber in »wilder Ehe« bzw. einer »eheähnlichen Gemeinschaft« zusammenleben werden.

H. und R. Bräumer sehen wie Cochlovius die biblischen Aussagen, nach denen sich ein Geschiedener bei der Wiederheirat des Ehebruchs schuldig macht. Auch diesem Beitrag spürt man ab, daß die Autoren um die richtige Hilfestellung gerungen haben. Nach gründlichem Studium einschlägiger Kommentare und einer Abwägung vor dem Hintergrund ihrer Seelsorgeerfahrungen zeigen sie jedoch eine andere Lösungsmöglichkeit auf. Sie führt dahin, daß für die Trauung Geschiedener als Maxime die *grenzenlose Vergebungsbereitschaft Jesu* zu sehen ist. Die Frage, ob eine Scheidung in jedem Falle ein Hindernis für den Neuanfang einer zweiten Ehe ist, wird von Bräumer also anders beantwortet. *Der Schwerpunkt liegt auf der Umkehr, der Beichte und der Macht der Vergebung:* »Für die Vergebung gibt es keine Ausnahmeklausel.« Für eine zweite Ehe sieht er eine *»Trauung unter besonderem Vorhalt«* und zeigt Wege, bis hin zu den Formulierungen im Gottesdienst, die diesen Schritt gangbar machen.

2. Eine Antwort aus der biblisch-therapeutischen Seelsorge

Für den nach eindeutigen Antworten suchenden Leser stellt sich nach der Lektüre der beiden Beiträge die Frage, welcher der Autoren denn nun den »richtigen« Weg aufzeigt.

Ich möchte mit meinen Ausführungen eine Antwort aus dem Blickwinkel des biblisch-therapeutischen Seelsorgers versuchen. Mit meiner Frau, die als Therapeutin mit mir zusammen in der Ehetherapie arbeitet, habe ich den Text gründlich durchgesprochen. Wir sind beide der Ansicht, daß zu den theologischen Argumenten therapeutische Hilfestellungen eine wertvolle Ergänzung sein können.

Die Tatsache, daß vielenorts jede zweite Ehe geschieden und häufig danach auch wieder geheiratet wird, hat Ehescheidung bzw. Wiederheirat vom grünen Tisch des Theoretikers gerissen. Konnte man sich früher über Ausnahmesituationen bei derartigen Problemen unterhalten, sind sie heute zum Regelfall geworden. Mit einiger Sicherheit läßt sich abschätzen, daß die lebenslang andauernde Ehe bald eher ein Sonderfall sein wird.

Wir können als Christen zu diesem empirischen Sachverhalt so reagieren, daß wir ihn als »Zeichen der Endzeit«

mit ihren allgemeinen Zerfallserscheinungen »wie in den Tagen Noahs« betrachten. Global gesehen ist dies gewiß so. Aber immer dann, wenn es um den Einzelfall, um das Individuum, um den Menschen selbst geht, werden statistische bzw. globale Aussagen problematisch; wenn sich auch in unseren evangelikalen Kreisen zunehmend Ehepaare mit allergrößten Schwierigkeiten in der Seelsorge vorfinden; wenn sie die *Verschiedenartigkeit ihrer Persönlichkeiten* nicht mehr weiter zusammenleben läßt, ohne Schaden an der Seele zu nehmen. Aber auch dann, wenn sie ein Leben in der Einsamkeit, zu dem Gott selbst gesagt hat »Es ist nicht gut, daß der Mensch allein sei, ich will ihm eine Gehilfin machen, die um ihn sei«, einfach nicht mehr aushalten, weil sie – wiederum vor dem Hintergrund ihrer *Persönlichkeitsstruktur* gesehen – als Solisten kaum leben können, ohne seelischen Schaden zu nehmen – dann wäre ich als Seelsorger froh, wenn ich den Ansatz Bräumers gehen könnte und für Geschiedene eine Wiederheirat denkbar wäre.

Ich sehe aber auch die eindeutigen Aussagen Cochlovius' als große Hilfestellung. Immer dann, wenn Ausnahmen, Sonderfälle, Notordnungen usw. den Charakter der Singularität verlieren, haben sie die Tendenz, recht schnell zum Allgemeingut zu werden. Wer vor dem Hintergrund der Vorläufigkeit einer Ehe diesen Bund eingeht, hat das, was mit Ehe gemeint ist, nicht verstanden und wird den von Gott für ein ganzes Leben gestifteten Bund von Anfang an unter einem unbiblischen Blickwinkel führen. Eine »sich-selbst-erfüllende-Prophezeiung« wird häufig die Antwort darauf sein. Praktischer ausgedrückt: *Wo Trennung von Anfang an als eine mögliche Alternative für die Zukunft gesehen wird, kann eine Ehe nicht als Ehe geführt wer-*

den. Gerade das Unauflösbare gibt ihr die besondere Qualität, gerade das durch »dick und dünn gehen«, das Ausstehen der Verschiedenartigkeit und das Wachsen an den Fehlern macht die Ehe so kostbar.

3. Es gibt mehrere biblisch orientierte Möglichkeiten

Vielleicht mache ich es mir für manche Leser, womöglich sogar für die Autoren der beiden Aufsätze, zu leicht, wenn ich auf die Frage, welcher der beiden theologischen Beiträge denn die richtige Antwort gäbe, antworte: *Beide.*

Man könnte diese Antwort als schnelles Ausgleichsmanöver oder als billigen Kompromiß bezeichnen. Hierzu muß ich allerdings zu bedenken geben, daß es in der Bibel eine ganze Reihe von Beispielen gibt, bei denen auf eine eindeutige Fragestellung mehrdeutige Antworten möglich sind. Vielleicht ist – so gesehen – das eindimensional-kausale Denken, das weite Bereiche unserer Lebenswirklichkeit bestimmt, überhaupt nur *ein* Aspekt der Wirklichkeit. Mit der Unschärfebeziehung, der »Unordnung« im Bereich des Mikrokosmos oder mit den modernen Chaostheorien haben uns Naturwissenschaftler dies ja längst so gezeigt.

Wir kennen im Bereich der Seelsorge die immer wiederkehrenden Fragen, ob ein erretteter Christ verloren gehen könne. Oder die Frage nach der Freiheit eines Menschen verbunden mit seinem gleichzeitigen Erwähltsein vor Grundlegung der Welt (Eph 1,4). Auch die Spannung zwischen Gesetz und Gnade, zwischen Tod und Leben, sind ähnlich zu sehen. In die große Gruppe dieser nicht im Sinne der Dialektik zu lösenden Fragen des Menschen würde ich die verschiedenen Lösungswege der beiden Autoren stellen. So wie der Physiker Licht entweder als Welle oder als Teilchen nachweisen kann, je nachdem, welche Instrumente er hierzu benützt, müßten wir dann auch das Problem der Scheidung und Wiederheirat von Christen sehen. Es kommt darauf an, welchen Blickwinkel wir einnehmen. Dabei kann es sehr wohl sein, daß wir vor einer Wiederheirat im biblischen Sinne warnen müssen – genauso aber auch, daß wir hierzu einen gemeinsamen, von der christlichen Werteordnung her legitimierten Weg finden können.

Den jeweiligen Blickwinkel, um beim physikalischen Beispiel des Lichtes zu bleiben, würde ich im Sinne der biblisch-therapeutischen Seelsorge an der *individuellen Persönlichkeitsstruktur und dem Lebenszuschnitt (System) des Ratsuchenden festmachen.*

Wir kennen dieses Vorgehen auch von anderen seelsorgerlichen Situationen. Wenn ein angefochtener Mensch bangt, daß seine Erlösung nicht sicher sei, dann darf ich ihm zusprechen, daß ihn niemand aus den Händen seines Herrn reißen kann (Joh 10,28). Wenn ein anderer stolz damit prahlt, welche Freiheiten er als Christ habe, werde ich auf die »Freiheit als Deckmantel der Bosheit« hinweisen und ihm klar machen, daß er auch als Christ verloren gehen kann (1Petr 2,16). Ähnlich sind die oben erwähnten Fragen nach der Freiheit eines Menschen und seiner gleichzeitigen Erwähltheit vor Grundlegung der Erde, die Spannung zwischen Gesetz und Gnade, zwischen Tod und Leben zu sehen.

Fassen wir zusammen: Es geht bei der Überlegung nach Trennung und Wiederheirat um einen Entscheidungsprozeß, der nicht allgemein und eindeutig gelöst werden kann.

Damit kommt allerdings eine ganz besondere Verantwortung auf den Seelsorger zu. Weil die Bibel, wenn man sie in ihrer ganzen Weite sieht, verschiedene Möglichkeiten offen läßt, muß auch die Persönlichkeitsstruktur der Eheleute und ihr »System« in Betracht gezogen werden. Der verantwortungsvolle Seelsorger kann sich mit biblischen Argumenten nicht auf einen einzigen Blickwinkel zurückziehen.

4. Seelsorge und Persönlichkeitsstruktur

Es geht also in der Seelsorge nicht allein um ein grundsätzliches »Nein«, sondern häufig um die Suche nach einer möglichen Alternative.

Seelsorge steht immer in der Vertikalen zu Gott; und daneben steht nach Gottes Willen der horizontale Bezug zum Mitmenschen und damit auch der Aspekt der innerweltlichen Weisheit. Hier sehe ich in der biblisch-therapeutischen Seelsorge gewisse Hilfestellungen aus der Persönlichkeitspsychologie, die in das Ringen um den richtigen Weg einbezogen werden könnten.

Jeder Mensch ist, bedingt durch Vererbung und Sozialisation, im Laufe seines Lebens zu einer eigenständigen und von anderen deutlich zu unterscheidenden Persönlichkeit geworden. Die für den Frieden mit Gott so entscheidende Begegnung mit Jesus Christus ändert an den Wesenszügen dieser Persönlichkeit in der Regel wenig. Diese Änderung ist auch gar nicht unbedingt notwendig, denn die Gemeinde lebt, wie dies Paulus in 1. Korinther 12 recht deutlich beschreibt, von der Verschiedenartigkeit ihrer Glieder. Es gibt eher sachliche Christen und solche, die warmherziger sind, sie können introvertiert oder extrovertiert, unkonventionell oder korrekt sein. Das Kriterium ist dabei nicht, daß der eine oder andere Wesenszug »gut« oder »schlecht« wäre. Alle Positionen (und deren Mischungen bzw. Übergänge) sind für die gesunde Gemeinde notwendig. Daß das Zusammenleben dabei oftmals nicht ganz einfach wird, kann man aus 1. Korinther 12 unschwer entnehmen – aber auch, daß die Gemeinde gerade durch ihre Verschiedenartigkeit und die Akzeptanz der Andersheit gesund lebt.

Bei der Ehe treffen, im Unterschied zur Gemeinde, nur zwei Persönlichkeiten aufeinander. Was sich in der Gemeinde ausgleichen kann (»wenn ein Glied leidet, so leiden alle Glieder mit«) wird hier oftmals zu einer äußerst schwierigen Lebensaufgabe, bei der, menschlich gesehen, das Scheitern vorprogrammiert ist. Gott kann auch hier ein Wunder tun, dessen sind wir gewiß. Aber wie geht es weiter, wenn das Wunder nicht eintritt? Wenn sich Eheleute nur noch quälen, obwohl sie dies eigentlich gar nicht wollen – sich schon dadurch quälen, daß sie sich gegenseitig nur ansehen?

Ich stelle in der Ehe-Seelsorge mit solchen Ehepaaren (sofern sie überhaupt noch zu Gesprächen bereit sind) ein Profil ihrer Wesenszüge zusammen und bespreche dies. Sie müssen vorab auch sich selbst und den Partner einschätzen. Oftmals sehen beide dann klarer, und nicht selten habe ich von Ehepaaren, die schon lange verheiratet waren, gehört: »Daß du so von mir denkst, das hätte ich überhaupt nicht vermutet.«

5. Hilfestellung zur Einschätzung der Persönlichkeitsstruktur

Weil ich hoffe, daß mit diesem Buch geholfen werden soll, die Ehe zu erhalten, will ich nachfolgend einige praktische Hilfestellungen zur Selbst- und Fremderfahrung anbieten, die wir in der Ehetherapie einsetzen.

Es geht bei den nachfolgenden Betrachtungen nicht ~~d~~ um, die gegenseitigen Ecken und Kanten zu verurtei~~len~~ sondern zu erkennen und anzunehmen, d.h. im Sinne 1. Korinther 12, zu erfahren, ob man »Auge« oder »O~~hr~~ oder »Nase« ist.

Wir gehen bei unserer Einschätzübung davon aus, ~~daß~~ sich Menschen wesentlich dadurch unterscheiden, daß sich zwischen den beiden Polen der *Sachlichkeit* und der *Warmherzigkeit* sowie der *Korrektheit* und *Unkonventionalität* verteilen. Die jeweiligen Extreme kann man, wie abgebildet, in einem Koordinatensystem anordnen.

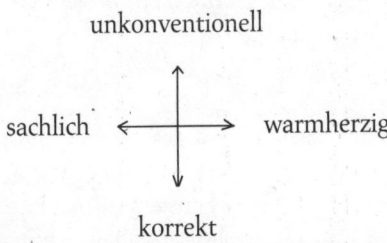

Wichtig ist bei der Einschätzung, daß es für die Kriterien Sachlichkeit, Warmherzigkeit, Korrektheit und Unkonventionalität kein »gut« oder »schlecht«, sondern nur ein »mehr oder weniger stark ausgeprägt« gibt und daß alle Übergangsformen möglich sind. Nachfolgend werden die jeweiligen Extreme beschrieben.

Eher *sachlich:*
Sie streben danach, so unabhängig wie möglich zu sein, vermeiden enge Beziehungen bzw. Hingabe an andere. Man kann Sie lange kennen, ohne Sie eigentlich zu erkennen. Manchmal sind Sie nicht ganz sicher, ob Sie Ihren Gefühlen trauen können, deshalb versuchen Sie, diese rational zu beschreiben. Sie arbeiten logisch korrekt und eher intellektuell.

Eher *warmherzig:*
Sie sehnen sich nach vertrauensvollem Nahkontakt und fürchten sich vor dem Alleinsein, der Isolierung oder Trennung. Sie möchten andere Menschen glücklich machen. Dabei sind Sie manchmal recht großzügig in der Beurteilung, idealisieren den Partner, entschuldigen seine Schwächen usw. Man bezeichnet Sie oftmals als »bescheiden«, »dienend« oder »aufopfernd«. Für andere geben Sie einen Teil Ihres Ichs auf.

Eher *korrekt:*
Sie wünschen sichere und stabile Verhältnisse, das Bewährte soll bleiben. Sie versuchen ein System zu finden, in das Sie die Dinge Ihres Lebens einordnen können. Weil Sie nicht sicher sind, ob Sie die Aufgaben richtig gelöst haben, zögern oder zaudern Sie. Ihr Arbeitsplatz und Ihr Terminkalender sind sauber geordnet und präzise geführt.

Eher *unkonventionell:*
Sie streben nach Veränderung, nach Neuigkeiten und

fürchten sich vor Einschränkungen. Die Gegenwart ist wichtig, nicht so sehr, was war oder kommen wird. Verträge engen Sie ein – Sie wollen frei sein und frei bleiben. Den Erfolg möchten Sie schnell sehen, Versuchungen können Sie schwer widerstehen. Zeitplanung ist nicht Ihre Stärke. Sie haben Ihre private Logik und Ethik – die für Sie selbst stimmt – anderen jedoch manchmal unverständlich ist.

a) Übung für die Ehetherapie

Schätzen Sie sich zwischen den jeweiligen Grenzen ein – und ebenso Ihren Partner. Wenn Sie von beiden Seiten Anteile erkennen, dann sollte die Markierung eher im Mittelfeld angebracht werden. Zumeist werden Sie jedoch einen gewissen Schwerpunkt entdecken.

Für jeden Ehepartner gibt es nunmehr eine Selbst- und eine Fremdeinschätzung, insgesamt also vier ausgefüllte Koordinatensysteme. Diese können jetzt, wenn möglich zusammen mit dem Seelsorger, besprochen werden.

Wenn Sie mit Ihren Einschätzungen über sich selbst weit von denen des Ehepartners entfernt sind, dann diskutieren Sie, wie es zu solchen unterschiedlichen Annahmen kommen konnte, was Sie veranlaßt hat, gerade diese Position wahrzunehmen usw.

Sie sollten bei den Übungen nicht auf eine sofortige Änderung drängen, denn, wie gesagt, man braucht in der Gemeinde und der Ehe Verschiedenartigkeit. Vorab geht es darum, die Andersheit zu akzeptieren.

b) Verbesserung der Kommunikation

Wie im Beitrag von Joachim Cochlovius sehr deutlich herausgearbeitet wurde, ist es besonders die gemeinsame

Kommunikation, die die Ehe auszeichnet. Auch hier kann von biblisch-therapeutischer Seite (vgl. z.B. das Gespräch Jesu mit der Frau am Jakobsbrunnen in Joh 4) Hilfestellung geboten werden, um Störungen rechtzeitig zu verhindern. Wenn es mit dem gemeinsamen Gespräch in der Ehe nicht mehr so richtig geht, dann sollte das Ehepaar (in Anwesenheit des Seelsorgers, der beobachtet und rückmeldet, später auch allein) Maßnahmen zur Verbesserung der Kommunikation erlernen.

Es geht dabei im wesentlichen darum, genauer hinzuhören, was der Partner ausdrücken möchte. Dies ist schwieriger, als man im ersten Augenblick annimmt, denn oftmals sind die Worte und das, was ausgedrückt werden soll, nicht identisch. Um eine genauere Wahrnehmung zu erlernen, muß der zuhörende Partner vorab aufnehmen, was sein Gegenüber *inhaltlich* sagen möchte. Was er gehört hat, kann er verbal »rückmelden«, jedoch genügt das nicht, denn die »Botschaft« hat zusätzlich einen Gefühls- und Beziehungsaspekt. Dies bedeutet, daß zu ergründen ist, was der Partner durch seine Aussage *gefühlsmäßig* mitteilen wollte. In der Regel sagt er das nicht mit Worten, sondern eher »zwischen den Zeilen«, durch Halbsätze, Gesten und Mimik. Es sollte jetzt vom Zuhörenden all das rückgemeldet werden, was er wahrnimmt und wovon er annimmt, daß ihm sein Partner dies gefühlsmäßig mitteilen wollte.

Nach einiger Zeit der Übung kann man durch eine solche Form des einfühlsamen Zuhörens das gemeinsame Gespräch wesentlich verbessern – und man wird gleichzeitig sich selbst und den Partner deutlicher wahrnehmen. Wie bei allen Lernprozessen gibt es auch hier anfänglich viele Fehler, deshalb wird der Partner gebeten, sofort zu korrigieren und richtigzustellen, was evtl. falsch angenommen oder interpretiert wurde.

Zusammengefaßt geht es bei der Übung darum: Man darf erst dann seine eigene Meinung sagen, wenn man das, was der Partner sagen wollte, sowohl inhaltlich als auch gefühlsmäßig verstanden und wiedergegeben hat.

6. Trennung und Wiederheirat als Notordnung

Es gibt aber trotz solcher Hilfestellungen, und obwohl gebetet und gerungen wurde, Situationen, in denen eine Trennung den kleineren Schaden bedeutet. In den beiden theologischen Beiträgen wurde hierzu deutlich Stellung genommen.

Ausgehend von der Persönlichkeitsstruktur und dem System, in dem geschiedene Christen leben, sehe ich in manchen Fällen – im Sinne einer »Notordnung« – die Möglichkeit für eine zweite Ehe. Es gibt Männer und Frauen, bei denen das »Es ist nicht gut, daß der Mensch allein sei, ich will ihm eine Gehilfin machen« überaus stark ausgeprägt ist. Psychologisch gesehen, würde man sie zu den warmherzigen, veränderungsbereiten und einfühlsamen Persönlichkeiten zählen (in unserem Koordinatensystem eher rechts und oben orientiert). Sie können, menschlich gesehen, ohne Partner kaum überleben. Wenn sie nicht wieder heiraten dürfen, dann verhindert man womöglich einen Ehebruch – läßt jedoch dafür eine Depression zu.

Hier gilt es, im Angesicht Gottes abzuwägen.

Wenn jedoch die Persönlichkeitsstruktur als Kriterium für die »Notordnung« gesehen wird, soll diese den Ausschlag auch dann geben, um im entsprechenden Fall dringend, im biblischen Sinne, vor einer Wiederverheiratung zu warnen. Tatsächlich wird die Mehrheit der geschiedenen Christen nicht mit der »Notordnung«, sondern mit der biblischen Regel leben müssen.

7. Beispiele

An den beiden folgenden Beispielen wird deutlich, daß die Antwort auf die Frage nach Scheidung und Wiederheirat sehr differenziert und auf die jeweiligen Umstände bezogen ausfallen muß.

a) Trennung

Frau G. kommt zusammen mit ihrem Gatten in die Seelsorge und berichtet, daß die Scheidung kurz vor der Türe steht, weil ihr Mann sich von ihr trennen will. Sie möchte die Verbindung aufrechterhalten, aber er kann sich trotz längerer Gespräche nicht dazu entschließen. Beide sind Gemeindeglieder einer Freikirche und entschiedene Christen. Folgendes war vorgefallen: Herr und Frau G. hatten sich schon bald nach der Eheschließung ein Kind erhofft, aber ihr Wunsch ging lange Zeit nicht in Erfüllung. Viele Zänkereien, Streit und Schuldzuweisungen waren die Folge.

Medizinische Befunde zeigten keine Unregelmäßigkeiten, so daß man eigentlich darauf warten konnte, daß sich der Kinderwunsch doch noch erfüllte. Als Frau G. dann endlich ein Kind erwartete, schien alles in Ordnung zu gehen. Jedoch kühlte sich das Verhältnis zwischen den beiden immer mehr ab. Nach der Geburt verweigerte Frau G. se-

xuelle Beziehungen zu ihrem Mann und hielt diese Ver-
weigerung, verstärkt durch ihre korrekte und eher sachliche Persönlichkeitsstruktur, auch strikt durch. Sie könne
sich eine Ehe sehr gut auch ohne Sexualität vorstellen, war
der Tenor ihrer Aussagen im Seelsorgegespräch. Für Herrn
G. war dies undenkbar. Er wünschte sich »eine runde und
harmonische Ehe«. Einige nachfolgende Einzelgespräche
zeigten den tieferen Sachverhalt: Frau G. hatte während einer Wochenendfreizeit außereheliche Sexualbeziehungen
zu einem Gemeindemitglied aufgenommen, und ihr Gatte
war nicht der Vater des Kindes. Seit dieser Zeit war Sexualität für sie zu einem Tabuthema geworden. Obwohl in der
Seelsorge die Schuld gemeinsam unter das Kreuz gebracht
wurde, waren die Wunden der beiden so tief, daß sie sich
keine gemeinsame Zukunft mehr vorstellen konnten.
Auch Frau G., die ursprünglich gekommen war, um die
Trennung zu verhindern, sah jetzt keinen Weg mehr für
die Gemeinsamkeit.

Als Seelsorger war der Rat in diesem Falle: Vorläufige
Trennung – aber keine Wiederheirat.

Diesen Rat haben die beiden befolgt. Eine ganze Reihe
von seelsorgerlich-therapeutischen Gesprächen lassen
hoffen, daß im Laufe der Zeit doch wieder eine Verbindung
zustande kommen kann.

b) Wiederheirat

Recht jung hatte der heute 28jährige Herr F. geheiratet. Er
suchte die Geborgenheit, die vertraute Nähe, die er, weil in
großer Kinderschar aufgewachsen, im Elternhaus selten
erlebt hatte. Als überzeugter Christ war seine Wunsch-
partnerin ein gläubiges Mädchen, das er im Jugendkreis

dann auch kennenlernte. Schon wenige Wochen nach der Hochzeit zeigte sich, daß die junge Ehefrau eher unkompliziert und kontaktorientiert leben wollte. Neben den Gemeindeaktivitäten wurden noch andere Veranstaltungen besucht, Freunde eingeladen usw. Herr F. zog sich sehr schnell zurück, er fand immer weniger das, was er sich eigentlich für seine Ehe erträumt hatte: Nähe und Geborgenheit.

Nach einem knappen Jahr eröffnete Frau F., daß sie nicht mehr mit ihrem Gatten zusammenleben wolle, da sie einen Geschäftskollegen gefunden hätte, der ihr besser zusage und von diesem auch ein Kind erwarte.

Erst jetzt kamen die beiden, auf Betreiben von Herrn F., in die Seelsorge. Während er die Ehe aufrechterhalten wollte, war die Entscheidung von Frau F. unumstößlich. Sie wünschte die Scheidung. Alle biblische Ermahnung, das Angebot zur Buße und Beichte wurden nicht akzeptiert.

Über ein Jahr lebte Herr F., jetzt nicht mehr bei den Eltern, sondern in der Nähe seines Arbeitsplatzes, allein in einem kleinen Zimmer. Immer wieder tauchte auch die Frage nach seiner eigenen Schuld an der gescheiterten Ehe auf. Depressionen stellten sich ein. Nun kam er wieder in die Seelsorge. Seine Schuld waren nicht sexuelle Verfehlungen, sondern das Zurückziehen und Durchsetzen seiner Persönlichkeitsstruktur in der kurzen Zeit der Ehe. Beichte und die Vergebung dieser Schuld konnten in der Seelsorge zugesprochen werden, und Herr F. fand wieder inneren Frieden.

Als Mensch, der Geborgenheit brauchte, wurde in ihm jetzt aber immer deutlicher der Wunsch nach einer Partnerin wach. Es wurde im Gespräch recht klar, daß er das Du benötigte, daß er allein nur sehr schwer würde leben können. Als sich dann durch eine Begegnung in der Gemeinde eine junge Frau zeigte, die von ihrer Persönlichkeitsstruktur zu ihm paßte, wurde eine zweite Heirat in Erwägung gezogen und in aller Stille vor der Gemeinde auch die Trauung vorgenommen. Von der Gnade der Vergebung herkommend, leben die beiden heute sehr glücklich zusammen. Gewiß, es gibt manchmal Zeiten des Grübelns, aber diese entsprechen eher der Persönlichkeitsstruktur von Herrn F. als seiner Vorgeschichte, denn diese ist »im Meer versenkt, wo es am tiefsten ist«.

WEITERE R. BROCKHAUS TASCHENBÜCHER